LAICAL

JAVIER LÓPEZ DÍAZ

LAICAL

EDICIONES RIALP
MADRID

"Entendí con un sentido nuevo, pleno, aquellas palabras de la Escritura: *et ego, si exaltatus fuero a terra, omnia traham ad meipsum* (*Jn* 12,32). El Señor nos decía: ¡si vosotros me ponéis en la entraña de todas las actividades de la tierra, cumpliendo el deber de cada momento, siendo mi testimonio en lo que parece grande y en lo que parece pequeño..., entonces *omnia traham ad meipsum*! ¡Mi reino entre vosotros será una realidad!"

[San Josemaría Escrivá]

Foto de 1962.

Este libro ve la luz muy cerca del centenario de la ordenación sacerdotal de san Josemaría Escrivá de Balaguer, el 28 de marzo de 1925. Es un trabajo en acción de gracias a Dios que ha enriquecido la vida de la Iglesia con el carisma concedido a san Josemaría el 2 de octubre de 1928, día de la fundación del Opus Dei.

El libro consta de tres partes. En las dos primeras tiene más peso la historia, en la tercera el pensamiento teológico. Esta última puede resultar más densa pero también puede ser la de mayor interés para el lector que quiera reflexionar sobre el corazón de la espiritualidad laical que propone san Josemaría.

Javier López Díaz
identidadlaical@gmail.com
28 de marzo de 2025

© 2025 *by* Javier López Díaz
by EDICIONES RIALP, S. A.,
Manuel Uribe 13-15 - 28033 Madrid
(www.rialp.com)

Preimpresión: www.produccioneditorial.com

ISBN (edición impresa): 978-84-321-7052-2
ISBN (edición digital): 978-84-321-7053-9
ISBN (edición bajo demanda): 978-84-321-7054-6
ISNI: 0000 0001 0725 313X
Depósito legal: M-7268-2025
Impreso en Service Point, S. A. - Madrid

ÍNDICE

I.
IDENTIDAD LAICAL
en la enseñanza de san Josemaría Escrivá

1. La conciencia de la vocación a la santidad en los primeros cristianos

Desde el mismo día de Pentecostés, en el que fueron bautizados tres mil hombres y mujeres (cfr. *Hch* 2, 41), los fieles laicos han formado siempre la inmensa mayoría de la Iglesia. Cualquiera que lea el libro de los Hechos de los Apóstoles podrá ver con qué intensidad eran conscientes de su vocación y misión bajo la acción del Espíritu Santo. Pero en los siglos sucesivos esa conciencia se oscureció no poco, hasta que, en el siglo xx, sobre todo con el Concilio Vaticano II, ha comenzado el alba de una nueva etapa llena de esperanzas para la Iglesia y su misión evangelizadora.

Vamos a recorrer esas etapas, deteniéndonos especialmente en la última, con el fin de captar la acción del Espíritu Santo en la Iglesia que es la base para secundarla.

Haremos este recorrido de la mano de un santo, maestro de espiritualidad laical, san Josemaría Escrivá, a quien Dios suscitó en la Iglesia «para proclamar la vocación universal a la santidad y al apostolado»[1], concediéndole un carisma que es, en palabras de san Pablo VI, «expresión de la perenne juventud de la Iglesia»[2].

Una observación terminológica. Cuando hablamos de "laicos" nos referimos siempre a los "fieles cristianos laicos", no, evidentemente, a los "no católicos" (sentido que tiene el término "laico" en algunos lugares, principalmente en relación con la política y la cultura).

El término "laico" proviene del griego *laikós*, que significa perteneciente al pueblo (*laos*). No aparece en el Antiguo Testamento (versión de los setenta) ni en el Nuevo, donde se designa a los miembros de la Iglesia como "fieles" o "santos" (cfr. *Ef* 1, 1; *Col* 1, 2; *1 Tm* 4, 3; 4, 10; 4, 12; etc.). A finales del siglo I, san Clemente Romano lo refiere a los miembros del pueblo de Dios que no son ministros sagrados[3]. Pero de este modo —que se empleará comúnmente durante siglos— se indica lo que el laico *no es*, sin decir lo que *es*. El Concilio Vaticano II empleará una noción positiva que refleja la identidad laical de modo más completo. Los laicos son fieles cristianos que tienen una vocación y misión específicas: están llamados a santificarse en medio del mundo santificándolo desde dentro[4]. Ésta es la noción que emplearemos en lo que sigue.

Señalemos también que los fieles laicos se designan como "seglares" (del latín *saeculum*, siglo), porque las actividades temporales que han de santificar son las que configuran el "siglo", entendido no como período de tiempo sino como el conjunto de realidades temporales propias de la sociedad civil en el momento presente. Por esto «la índole secular es propia y peculiar de los laicos»[5].

El periodo de cuatro siglos comprendido entre el día de Pentecostés y el primer concilio ecuménico (Nicea, año 325), y algo más allá del siglo IV, se suele llamar genéricamente época de los "primeros cristianos"[6]. Es el tiempo de la primera expansión del cristianismo en el mundo del Imperio Romano, en medio de persecuciones. En este periodo aparece como algo común entre los laicos la viva conciencia de su vocación y misión como miembros de la Iglesia.

Sus protagonistas son hombres y mujeres, ciudadanos de cualquier profesión honesta y de un modo corriente de vivir. «No dejamos de frecuentar el foro —escribe Tertuliano a finales del siglo II—, el mercado, los baños, las tiendas, las oficinas, las hosterías y ferias; no dejamos de relacionarnos, de convivir con vosotros en este mundo. Con vosotros navegamos, vamos a la milicia, trabajamos la tierra y de su fruto hacemos comercio. Y vendemos al pueblo para vuestro uso los productos de nuestros quehaceres y fatigas»[7]. Los cristianos —se lee en otro documento del siglo II, la *Carta a Diogneto*— no llevan un género de vida aparte de los demás, pero «dan muestras de un peculiar tenor conducta, admirable y, por confesión de todos, sorprendente»[8]. Destacan entre otras cosas por su cumplimiento de los deberes cívicos, poniendo en práctica la exhortación del Apóstol: «comportaos como ciudadanos dignos del Evangelio [πολιτεύεσθε]» (*Flp* 1, 27).

En esa vida corriente procuran difundir su fe. Hasta tal punto son conscientes de su misión y celosos de ella que el filósofo pagano Celso los acusaba, según refiere Orígenes, de aprovecharse de sus profesiones —zapateros, maestros, lavanderos...— para sembrar en las casas particulares y en la sociedad la semilla evangélica[9]. Son, en definitiva, cristianos que procuran plasmar el Evangelio en los quehaceres cotidianos y difundirlo en los ambientes que frecuentan. Cuando es necesario, ponen en juego su vida por confesar su fe.

San Juan Crisóstomo, en la segunda mitad del siglo IV o a comienzos del V, manifiesta lo que había sido conciencia común entre los fieles, pero tiene necesidad de recordarlo porque se estaba ensombreciendo:

«No os digo: no os caséis. No os digo: abandonad la ciudad y apartaos de los negocios ciudadanos. No. Permaneced donde estáis, pero practicad la virtud. A decir verdad, más quisiera que brillaran por su virtud los que viven en medio de las ciudades, que los que se han ido a vivir en los montes. Porque de esto se seguiría un bien inmenso, ya que nadie enciende una luz y la pone debajo del celemín.

De ahí que yo quisiera que todas las luces estuvieran sobre los candeleros, a fin de que la claridad fuera mayor. Encendamos, pues el fuego, y hagamos que, los que estén sentados en las tinieblas, se vean libres del error. Y no me vengas con que: tengo hijos, tengo mujer, tengo que atender la casa y no puedo cumplir lo que me dices. Si nada de eso tuvieras y fueras tibio, todo estaba perdido; aun cuando todo eso te rodee, si eres fervoroso, practicarás la virtud.

Sólo una cosa se requiere: una generosa disposición. Si la hay, ni edad, ni pobreza, ni riqueza, ni negocios, ni otra cosa alguna puede constituir obstáculo a la virtud. Y, a la verdad, viejos y jóvenes; casados y padres de familia; artesanos y soldados, han cumplido ya cuanto fue mandado por el Señor.

Joven era David; José, esclavo; Aquilas ejercía una profesión manual; la vendedora de púrpura estaba al frente de un taller; otro era guardián de una prisión; otro centurión, como Cornelio; otro estaba enfermo, como Timoteo; otro era un esclavo fugitivo, como Onésimo, y, sin embargo, nada de eso fue obstáculo para ninguno de ellos, y todos brillaron por su virtud: hombres y mujeres, jóvenes y viejos, esclavos y libres, soldados y paisanos»[10].

Después de citar estas palabras, san Josemaría comenta en una de sus cartas: «¡Qué clara estaba, para los que sabían leer el Evangelio, esa llamada general a la santidad en la vida ordinaria, en la profesión, sin abandonar el propio ambiente! Sin embargo, durante siglos, no la entendieron la mayoría de los cristianos: no se pudo dar el fenómeno ascético de que muchos buscaran así la santidad, sin salirse de su sitio, santificando la profesión y santificándose con la profesión»[11].

¿Qué ha sucedido en ese largo periodo de siglos que sigue al de los primeros tiempos cristianos? Paulatinamente se abre una época en la que decae la conciencia de la identidad de los laicos: una época en la que comienza a resultar extraño que haya cristianos que aspiren radicalmente a la santidad "sin salirse de su sitio".

2. DECLIVE DE LA CONCIENCIA DE LA VOCACIÓN Y MISIÓN DE LOS LAICOS EN LAS EDADES MEDIA Y MODERNA

El segundo y mucho más extenso periodo comienza con el reconocimiento público de la Iglesia en el siglo IV y se prolonga en el tiempo, a través, primero, de la evangelización de los pueblos germánicos y de la época de "cristiandad" medieval (siglos IX a XIV), pasando después, en el XV y XVI, por la pérdida de la unidad religiosa en Europa y el inicio del proceso de secularización, hasta llegar al periodo que precede a las revoluciones del XVIII. Un lapso de más de un milenio en el que florecen las espiritualidades religiosas, mientras languidece o al menos mengua la conciencia de la vocación y misión de los laicos.

El inicio de ese debilitamiento viene a coincidir con el auge impresionante de la vida monástica. El cambio es gradual. Poco a poco se abre paso la idea de que el apartamiento de las actividades seculares facilita darse a la oración y a la penitencia. Nadie niega que en el "mundo" —es decir, en medio de esas actividades seculares— se pueda alcanzar la santidad. Pero aunque san Rufino de Aquileya (†410 aprox.) cuente todavía el caso, frecuentemente recordado en los ambientes eremíticos y cenobíticos de los siglos IV y V, de un cierto Pafnucio al que Dios había hecho comprender que determinadas personas sencillas —un músico, un padre de familia, un comerciante— habían llegado al mismo grado de santidad que el ermitaño cumpliendo simplemente con su trabajo y su familia[12]; aunque se haya podido calificar a san Juan Crisóstomo, con fundamento, como «el predicador de la perfección de los laicos»[13]; y aunque, en fin, se encuentren, en el epistolario de algunos Padres hermosas invitaciones a la perfección cristiana en medio del mundo, gradualmente se va perdiendo la primitiva comprensión *fuerte* de la santidad en los quehaceres temporales. Se generaliza la idea de que el laico es sólo un destinatario de la misión de la Jerarquía, en vez de considerarle como responsable activo de la misión de toda la Iglesia. Sin negar la realidad del sacerdocio común, afirmada en el Nuevo Testamento —«vosotros sois linaje escogido, sacerdocio real...» (*1 P* 2, 9)—, a partir del siglo V se atenúa entre los fieles la conciencia de haber recibido una participación en el sacerdocio de Cristo para mediar entre Dios y los hombres. Tiende a prevalecer la idea de que entre los cristianos sólo algunos están llamados a seguir radicalmente a Cristo y a prolongar su misión.

Con la llegada del sacro imperio en el siglo IX, la misión y la responsabilidad de ordenar los asuntos temporales según el Evangelio, propia de todos los laicos, se concentra en el "príncipe cristiano". A su lado se evocan, como prototipo, la figura del vasallo, cuyas virtudes refleja el "manual" de Dhuoda, esposa del conde de Barcelona, escrito para la educación de su hijo[14], o la del caballero medieval[15], mientras el fiel común y corriente, el campesino, el artesano o el comerciante, pierden su perfil de cristianos llamados a la santidad y a la misión apostólica. El escaso contingente de laicos de este largo periodo que se inscriben en el catálogo de los santos, está compuesto principalmente por reyes y reinas, desde san Venceslao de Bohemia a san Luis de Francia y a santa Isabel de Hungría; un número incomparablemente mayor proviene de las filas de los religiosos[16]. En esta época, lamenta Bouyer, «los laicos, no son en el cuerpo de la Iglesia más que un tejido añadido, ¡un cuerpo extraño!»[17] El monasterio se ha convertido en el lugar primordial de la santidad. El famoso pasaje *Duo sunt genera christianorum*[18], del Decreto de Graciano, refleja de algún modo la situación. Hay "dos géneros de cristianos", los clérigos (entre los que se incluyen los religiosos) y los laicos. Los primeros tienen cierta facilidad para vivir la fe, los segundos se hallan estorbados por los asuntos del mundo.

Durante este largo periodo, la santidad mira al modelo de la vida monástica y religiosa. La vida ordinaria de los fieles pasa a estar iluminada "desde fuera", por la potente luz que irradian las personalidades eminentes de sacerdotes y de religiosas o religiosos santos, como san Benito y san Bernardo, san Francisco de Asís y santo Domingo de Guzmán, santa Brígida y santa Catalina de Siena[19], santa Teresa de Jesús y san Juan de la Cruz, san Ignacio de Loyola y san Felipe Neri, y tantas otras figuras que transmiten una magnífica herencia de piedad y de doctrina espiritual.

Pero hay una contrapartida. La tradición de la santidad que en los primeros siglos era patrimonio de todos los fieles, el ideal del seguimiento radical de Cristo al que todos se sentían urgidos cualquiera que fuera su estado y su profesión, ha pasado a conservarse vivo y palpitante fundamentalmente en los monasterios y en el seno de la vida religiosa. Esto representa una riqueza de valor inestimable para la Iglesia pero, a la vez, todo ese patrimonio común de los cristianos se funde con los elementos específicos de la vocación religiosa —como el mismo apartamiento de algunas o de todas las actividades seculares—, a la que no todos están llamados, creando la mentalidad de que esa específica vocación es, si no el único "lugar" de la vida cristiana íntegra, al menos el modelo o el paradigma al que todos han de procurar aproximarse.

En esta línea, tras la época de "cristiandad" resalta una figura excepcional en el hilo conductor de la historia que estamos siguiendo. San Francisco de Sales (1567-1622), obispo de Ginebra, uno de los mayores maestros de vida espiritual de todos los tiempos. Su propósito es familiarizar con la "devoción" —el trato con Dios, manifestado en prácticas de piedad— a quienes viven en medio del mundo[20]. Quiere persuadirles de que una vida de trato intenso con Dios no está reservada a los que se apartan de las actividades ordinarias. Al inicio de su *Introducción a la vida devota* (1609) escribe:

«Casi todos los autores que hasta la fecha han venido estudiando la devoción, han tenido por pauta enseñar a los que viven alejados de este mundo o, por lo menos, han trazado caminos que empujan a un absoluto retiro. Mi objeto ahora es adoctrinar a los que habitan en las ciudades, viven entre sus familias o en la corte, obligándose en lo exterior a un modo de ser común. (...) Yo quiero mostrar a los tales que, así como la madreperla se conserva en medio del mar sin dejar la entrada a una sola gota de agua salobre (...), un alma vigorosa y constante puede vivir en el mundo sin contaminarse de los mundanales humores (...). Reconozco que se trata de un difícil menester; mas, por lo mismo, me agradaría que muchos se dieran a ello con más empeño que hasta hoy»[21].

Es un paso adelante. Su enseñanza remueve las conciencias e impulsa a muchos cristianos a adentrarse por caminos de vida interior. San Francisco de Sales lleva la "devoción" al mundo, a la vida corriente, que no aparece ya como un lugar inhóspito para la santidad. Sin embargo, no presenta las actividades propias de esa vida como medio de santificación. Su doctrina queda ligada al paradigma de la vida religiosa —él mismo funda la Orden de la Visitación, con santa Juana Fremyot de Chantal—, al menos en el sentido de que no relaciona la vocación de los laicos a la santidad con su misión eclesial propia y específica ("la santificación del mundo desde dentro", como se dirá siglos después). El apartamiento, al menos interior, de las actividades seculares —desde el comercio a la agricultura o a los quehaceres de la casa, etc.—, continúa siendo el camino propuesto para crecer en santidad. Aun así, la doctrina del santo Obispo de Ginebra resuena en la historia de la Iglesia como precursora de nuevos horizontes que se abrirán tres siglos más tarde.

A la distancia que se ha de colmar se refieren unas palabras del cardenal Albino Luciani en 1978, poco antes de ser elegido Romano Pontífice, Juan Pablo I, escritas con ocasión del tercer aniversario del fallecimiento de san Josemaría. Anota que san Francisco de Sales «propugna la santidad para todos, pero parece enseñar solamente una "espiritualidad de los laicos", mientras Escrivá quiere una "espiritualidad laical". Es decir, Francisco [de Sales] sugiere casi siempre a los laicos los mismos medios practicados por los religiosos con las adaptaciones oportunas. Escrivá es más radical: habla directamente de "materializar" —en buen sentido— la santificación. Para él, es el mismo trabajo material, lo que debe transformarse en oración y santidad»[22].

No quiero dejar de recordar, para concluir este breve recorrido histórico por el período medieval y moderno, a dos santos más que enseñan a buscar el trato con Dios en medio de las actividades corrientes. Uno es san Alfonso María de Ligorio (1696-1787), primero abogado y después sacerdote y Obispo, fundador de los Redentoristas, cuya intensa actividad misionera en contacto con la gente común le sirve para dejar un cuerpo de doctrina moral cristiana y de piedad en la vida corriente (aunque no sea a través de la misma vida corriente). El otro, ya fuera del período al que nos referimos, es san Juan Bosco (1815-1888), gran educador de la juventud y dignificador del trabajo, que se inspira en san Francisco de Sales.

Estos y muchos otros santos que no es posible mencionar aquí, son testimonios destacados de una tradición que prepara el desarrollo de la espiritualidad laical en el siglo xx. Pero, globalmente hablando, en todo este dilatado periodo hay un déficit de aprecio por el valor de las actividades seculares para la vida cristiana; actividades absolutamente necesarias para el buen funcionamiento de la sociedad. Se aceptan como campo en el que muchos han de vivir inevitablemente, pero al precio de peligros para su vida moral, y no se ven como campo de santificación ni como terreno de conquista: de cumplimiento de una misión confiada por Cristo. «Ciertamente —comenta Illanes— nadie negó nunca que un cristiano, fuera cual fuese su estado y condición, pudiera alcanzar la santidad, pero se tendía a pensar —de manera más o menos explícita— que, tratándose de laicos, ello ocurría más bien excepcionalmente y, en todo caso, al margen y en cierto modo a pesar de su condición secular»[23].

Ante esta realidad histórica, ¿cómo se presenta la enseñanza de san Josemaría Escrivá? ¿Cómo se relaciona su mensaje con las doctrinas que proponen el ideal de la santificación mediante un cierto apartamiento del mundo?

Por una parte, resulta claro que san Josemaría acude a los maestros de espiritualidad de estos siglos para proponer su propia enseñanza. Aunque no prediquen la santidad "en y a través de las actividades temporales", sí que hablan, profusa y profundamente, de "santidad", que a la postre es una sola y la misma para todos. San Josemaría bebe de la fuente limpia del ejemplo y de las doctrinas de estos santos. El beato Álvaro del Portillo testifica que «veneraba especialmente a santa Teresa de Jesús, san Juan de la Cruz y santa Teresita del Niño Jesús; fue asiduo lector de sus obras y en la predicación evocaba a menudo a estos grandes maestros de la espiritualidad y citaba sus escritos, aunque, cuando era necesario, hacía notar los puntos de divergencia con su propio modo de pensar y vivir las relaciones con Dios»[24]. Pedro Rodríguez señala por su parte que san Josemaría «tenía una gran admiración y devoción personal»[25] a san Ignacio de Loyola. A estas figuras ilustres habría que añadir otras no menos insignes que cita repetidamente en su predicación —san Bernardo, santo Tomás de Aquino, santa Catalina de Siena..., entre los medievales—, pero no hace falta detenernos en esto. Basta decir sencillamente que, en toda la tradición de esos siglos, descubre tesoros inmensos de vida cristiana que ofrece a los laicos al proponerles el ideal de la santificación en medio del mundo.

24

Por ejemplo, cuando les habla de ser «contemplativos en medio de los afanes de la calle»[26] y, sin temor a equívocos, les dice que su «celda está en la calle»[27], ¿no está acudiendo al ejemplo de santidad en los claustros para comunicar su espíritu de santificación en las actividades temporales? Si recurre a la comparación con la "celda" del monje para explicar la contemplación en la "calle", ¿no es porque se trata de la misma contemplación, aunque cambie el lugar y el camino? El parangón entre "calle" y "celda", al tiempo que sirve para afirmar vigorosamente la posibilidad de recibir en medio del mundo el don de la contemplación, implica una gran alabanza a la vocación religiosa: el reconocimiento agradecido de su testimonio de santidad, de su vida contemplativa. En general, san Josemaría propone muchas veces a los laicos el ejemplo de santos que son religiosos, para invitarles a seguir a Cristo de modo radical, con la misma entrega completa que han vivido ellos, sin rebajas de ningún género, pero en y a través de las actividades temporales.

Ahora bien, no pretende "adaptar" las espiritualidades religiosas a la vocación laical. No consiste en esto la relación de su espiritualidad laical con las espiritualidades religiosas de la larga etapa que estamos recorriendo. Declara su gran amor y su veneración profunda por el estado religioso, pero sostiene que Dios le ha llamado por un camino de santidad netamente diverso:

«Amo a los religiosos y venero y admiro sus clausuras, sus apostolados, su apartamiento del mundo —su *contemptus mundi*—, que son *otros* signos de santidad en la Iglesia. Pero el Señor no me ha dado vocación religiosa, y desearla para mí sería un desorden»[28].

En vez de "adaptar" las espiritualidades religiosas a la vocación laical, "recupera" para esta última diversos elementos comunes del espíritu cristiano que, con el paso de tiempo, se habían materializado y conservado fundamentalmente (casi únicamente) en la vida religiosa: desde los aspectos más básicos como la entrega total a Dios, hasta ciertas prácticas de vida cristiana como la oración mental. Al mismo tiempo "prescinde" de las actitudes que están ligadas al "apartamiento del mundo", como sucede con ciertos modos de concebir y de vivir diversas virtudes cuales la pobreza o la humildad, que enseña a practicar con toda exigencia pero de acuerdo con la condición laical, en el ámbito de la santificación del propio trabajo profesional y de las demás actividades civiles y seculares. En una palabra, transmite un espíritu laical y secular, diverso de las espiritualidades de los religiosos. Aprecia la vida consagrada, pero enseña la santificación en medio del mundo. Ambos son caminos directos hacia la santidad. Directos, pero alternativos.

«Quiere el Señor a los suyos en todas las encrucijadas de la tierra. A algunos los llama al desierto, a desentenderse de los avatares de la sociedad de los hombres, para hacer que esos mismos hombres recuerden a los demás, con su testimonio, que existe Dios. A otros, les encomienda el ministerio sacerdotal. A la gran mayoría, los quiere en medio del mundo, en las ocupaciones terrenas. Por lo tanto, deben estos cristianos llevar a Cristo a todos los ámbitos donde se desarrollan las tareas humanas: a la fábrica, al laboratorio, al trabajo de la tierra, al taller del artesano, a las calles de las grandes ciudades y a los senderos de montaña»[29].

Cuando menciona aquí el retiro al "desierto" no piensa sólo en los eremitas o en los monjes de los monasterios de clausura. Se vale de esa imagen para hacer presente que la vida religiosa, como enseña el Magisterio de la Iglesia, implica siempre una "renuncia al mundo", no sólo al pecado[30], y un cierto "apartamiento del mundo", con manifestaciones diversas en cada caso[31]. Pero los laicos no están llamados a esto y, en consecuencia, san Josemaría no les propone un apartamiento "adaptado" a su situación. Les impulsa a «amar al mundo apasionadamente»[32] y a estar «metidos en todas las encrucijadas del mundo —estando nosotros metidos en Dios—»[33], para ser sal, levadura, luz. Dice que el cristiano ha de ser «un ciudadano de la ciudad de los hombres, con el alma llena del deseo de Dios»[34]. Del religioso puede aprender mucho sobre cómo tener "el alma llena del deseo de Dios", pero no le basta su ejemplo para ser "ciudadano de la ciudad de los hombres". Aunque el religioso es sin duda un buen ciudadano, hay aspectos de la ciudadanía que son propios de la condición laical y que no pertenecen igualmente a la vida religiosa. Un fiel laico es un miembro de la sociedad que ha de buscar su progreso, también el material, y santificarse en esa búsqueda. Ha de compenetrar las dos cosas —su deseo de Dios y su condición de ciudadano— en unidad de vida, para llegar a ser un «ciudadano digno del Evangelio» (*Flp* 1,27). A este ideal apunta la novedad de la enseñanza de san Josemaría. A quienes están llamados a santificar el mundo desde dentro de todas las actividades profanas «el Señor nos pide sólo el silencio interior —acallar las voces del egoísmo del hombre viejo—, no el silencio del mundo: porque el mundo no puede ni debe callar para nosotros»[35].

La espiritualidad religiosa es de perenne actualidad en la Iglesia, pero no es la única senda de santificación. Dios llama a la santidad también por otros caminos. A los laicos, concretamente, por los caminos de la santificación en medio del mundo (que a su vez pueden ser diversos entre sí). Afirma san Josemaría que su mensaje es «viejo como el Evangelio, y como el Evangelio nuevo»[36]. Dice que es "viejo", porque el espíritu y la realidad de la santificación en medio del mundo se encuentra en el Nuevo Testamento y en la vida de la Iglesia desde el inicio; pero afirma también que es "nuevo", no en relación a la época de los primeros cristianos, sino al período de siglos que estamos considerando, en el que ese espíritu laical se había eclipsado.

Ya hemos visto que, entre los que buscaban la santidad, muchos se apartaban del mundo; y a los que permanecían en él, el mundo se les presentaba como un obstáculo para la santificación y la misión apostólica. Esta última no era considerada propiamente como tarea suya pues para evangelizar a los hombres ya estaban las órdenes y congregaciones que habían ido surgiendo y que cada vez se acercaban más al "mundo". Pues bien, la espiritualidad laical que propone san Josemaría «no está en la línea de una mundanización —desacralización— de la vida monástica o religiosa[37]. No es un «nuevo eslabón de la misma cadena»[38] que acerca la vida religiosa al mundo, sino una nueva toma de conciencia que adquieren los laicos de su vocación y misión propia. Se trata de un fenómeno que «nace desde abajo, es decir, desde la vida corriente del cristiano que vive y trabaja junto a los demás hombres»[39].

3. Resurgimiento de la conciencia de la vocación laical en el siglo XX

a) La "secularización" en la perspectiva de la vocación de los laicos

En la época moderna, a partir del XVIII, el "siglo de las luces" y de las revoluciones europeas, se producen unos cambios culturales, sociales y políticos, que serán ocasión para un gran acontecimiento en la historia de la Iglesia y de su acción en el mundo: el inicio del proceso moderno de toma de conciencia de la específica vocación y misión de los laicos.

Sin entrar aquí en las causas que propician esos cambios —desde la pérdida de la unidad religiosa en Europa a raíz de la Reforma protestante, hasta otros factores de diverso tipo— resulta imprescindible hacer referencia a las ideas y fenómenos más característicos de este período para comprender la evolución. Entre ellos se suele indicar como principal la "secularización"[40].

El significado del término es ambivalente. Por un lado, designa la pérdida de relieve de la religión para el modo personal de vivir y, como consecuencia, para la edificación de la sociedad. La razón se independiza de la fe y no reconoce que sea razonable creer, constituyéndose en medida de todas las cosas; la libertad del hombre reivindica una autonomía absoluta respecto a Dios. Es el intento "liberal" de emancipación de toda instancia trascendente a la razón, que surge del racionalismo iluminista y marca el inicio de la "modernidad" ideológica[41].

Entre los ingredientes del nuevo clima cultural y social se encuentra el principio del progreso continuo e ilimitado —el "progresismo"— que tiende a menospreciar los valores permanentes[42]. La colisión de esta ideología "liberal-progresista" con todo lo que se presente como estable y constante —en primer lugar, con las verdades de la fe y con la Iglesia—, resultaba inevitable. De hecho, muy pronto se hará patente la tendencia laicista a marginar a la Iglesia de la vida pública y a confinar la fe a la esfera privada. La secularización aparece así como un proceso de "descristianización" de la sociedad, con el que la Iglesia habrá de enfrentarse.

No obstante, este movimiento de ideas traerá también efectos positivos para la vida cristiana, pues al exaltar la razón promoverá necesariamente ciertos valores —piénsese por ejemplo en los ideales de libertad, igualdad y fraternidad, en la estima del trabajo, en el progreso científico y económico— que, si no se desgajan de Dios, son ciertamente valores humanos y por eso mismo cristianos.

Pero sobre todo hay que tener en cuenta que "secularización" no equivale siempre a "descristianización". Implica también "desclericalización", o sea, la abolición de ciertos privilegios del clero (el "estamento clerical") en la sociedad medieval y el fin de la mentalidad que justificaba su invasión de la esfera temporal amparándose en la subordinación del orden temporal al espiritual. Una parte de la tendencia secularizadora era simplemente "desclericalizadora", lo cual no es necesariamente negativo. Hay que distinguir entre una "desclericalización" netamente nociva para la Iglesia y otra positiva que consiste en promover la misión sustancialmente espiritual del sacerdote y que lleva consigo la afirmación de la autonomía relativa de las actividades temporales —aunque no se formule así al principio—, y el reconocimiento de un amplio espacio de libertad para los fieles que las ejercen y que las han de santificar sin necesidad de que intervenga la Jerarquía eclesiástica. San Josemaría distingue entre un "anticlericalismo malo" que es odio a «todo lo que haga referencia a la religión, al sacerdocio»[43], o que, sin llegar a la violencia, «ignora o desprecia las cosas de Dios»[44], y un "anticlericalismo sano" «que procede del amor al sacerdocio»[45], que «lleva a desear, para la Iglesia y para sus ministros, una libertad santa de ataduras temporales»[46] y que «se opone a que el simple fiel o el sacerdote use de una misión sagrada para fines terrenos»[47].

En la base de estos dos aspectos de la secularización —como "descristianización" y como "desclericalización" de la sociedad— hay una reivindicación de libertad que es la noción clave para comprender este período histórico. «No hay ninguna duda: la época que llamamos edad moderna está determinada desde el inicio por el tema de la libertad; la búsqueda de nuevas libertades es el único motivo que justifica una tal periodización»[48]. Estas palabras de Joseph Ratzinger evidencian el núcleo esencial de la modernidad y muestran la clave para entender tanto el despertar en la Iglesia de la conciencia de la misión de los laicos, como la novedad que presenta la enseñanza de san Josemaría. Con razón escribe Juan José Sanguineti que «la percepción de la libertad está en el centro del mensaje espiritual de Josemaría Escrivá»[49] o sea de la espiritualidad laical que propone.

El tema de fondo es, pues, la afirmación de la libertad, pero con características diferentes en las dos vertientes del proceso de secularización. En el caso de la descristianización lo que se reivindica es una libertad autónoma respecto a Dios. No es la libertad de obrar sin coacción («porque me da la gana»[50], dice san Josemaría), sino la libertad de hacer lo que quiera ("lo que me da la gana") dentro de lo que permite la convivencia civil, naturalmente, pero sin ninguna norma trascendente, sin referencia al bien y a una la ley moral, sin otro criterio que el de la autoafirmación de la propia libertad[51]. En la otra vertiente —la desclericalización— se busca algo muy distinto: una justa autonomía de las actividades temporales, lo que no significa autonomía de la libertad respecto a Dios, origen y fin último de todo lo creado, sino —como dirá más tarde el Concilio Vaticano II— el reconocimiento de que «las cosas creadas y la sociedad misma gozan de propias leyes y valores, que el hombre ha de descubrir, emplear y ordenar poco a poco»[52], sin que esta tarea haya de estar dirigida por la autoridad eclesiástica.

Ahora bien, en el proceso moderno de secularización las dos vertientes están unidas, de modo que quienes propugnan una libertad independiente de Dios, defienden muchas libertades que necesitan también los cristianos para la justa autonomía de lo temporal. Lo que éstos no pueden aceptar es que esas libertades se reclamen desde el presupuesto de la autonomía del hombre respecto a Dios. El problema no reside en las llamadas "libertades modernas" —de religión, de pensamiento, de expresión, de participación política, etc.— que, bien entendidas, pertenecen al patrimonio cristiano; el problema radica en los presupuestos desde los que se formulan y exigen esas libertades: el antropocentrismo cerrado a la trascendencia, la razón desvinculada de la fe, la voluntad emancipada de todo vínculo, la conciencia responsable sólo ante sí misma. La reivindicación de una libertad así concebida lleva a algunos pensadores y líderes políticos al conflicto con la Iglesia y al intento de marginarla, como fuerza contraria al progreso. A ese intento se opondrá, lógicamente, la Jerarquía eclesiástica, pero tendrá que pasar bastante tiempo hasta que se llegue a distinguir entre "descristianización" y "desclericalización" y se aprenda a emplear los medios adecuados para combatir la secularización anticristiana favoreciendo en cambio la justa y necesaria libertad de los fieles laicos en el ámbito temporal.

Ya la semántica de "secularización" sugiere pensar en los "seglares" —los fieles cristianos inmersos en el orden secular— y, de hecho, los eventos históricos les irán llevando a primera fila en la misión evangelizadora de la Iglesia, en la nueva situación creada por ese fenómeno. El germen de la crisis había sido un falso concepto de libertad y la enfermedad provocada se había llamado, con toda razón, "secularismo", porque afectaba a la naturaleza de las realidades seculares, y "laicismo", porque trastocaba directamente la identidad del laico al expulsar la fe cristiana de la vida social y pública, terreno propio de su misión. Pero los mismos nombres de la enfermedad sugieren el remedio. Sólo un espíritu de libertad cristiana en medio del mundo, un espíritu cristianamente secular y laical, podía dar respuesta satisfactoria a los retos de la modernidad ideológica, sanar la fractura de la sociedad con la Iglesia y encauzar el progreso de modo acorde a la dignidad de la persona humana.

A este cuadro hay que añadir la aparición de otro fenómeno que también hunde sus raíces en el racionalismo, aunque crece en dirección opuesta al liberalismo indivi- dualista. Me refiero al colectivismo marxista[53], cuya crítica a la religión como "opio del pueblo" que adormece las energías necesarias para edificar un paraíso terrestre de bienestar material, se encuentra también en el trasfondo del proceso de toma de conciencia de los laicos. El desafío se perfilará de modo cada vez más claro. Ante una ideología que incita a la revolución para transformar la sociedad en una colectividad donde la persona no es más que un elemento de producción en vistas al desarrollo económico, resultaba urgente mostrar la relevancia antropológica y social de la fe cristiana, su capacidad transformadora de las estructuras sociales en orden al bien integral de cada persona singular, para lo cual era imprescindible que quienes habían de edificar la sociedad mediante el ejercicio de las diversas profesiones y actividades temporales —los fieles laicos— las empaparan con el espíritu del Evangelio, comportándose en esas actividades de modo coherente con su fe.

A partir del último tercio del siglo XIX, irá cobrando fuerza la convicción de que esta tarea corresponde a los laicos como exigencia propia y específica de su vocación y misión. Ya en el siglo II, el autor de la *Carta a Diogneto* había escrito que «los cristianos son en el mundo lo que el alma en el cuerpo (...). Tan importante es el puesto que Dios les ha asignado, que no les es lícito desertar»[54]. La doctrina adquiere nueva actualidad en la edad contemporánea, cuando se hace patente que la Iglesia, para realizar su misión en el mundo, necesita absolutamente que los fieles laicos — protagonistas del progreso y del desarrollo humano— asuman el papel que desde siempre les corresponde, poniendo punto final a una actitud pasiva o simplemente receptiva de la acción pastoral de la Jerarquía[55]. «Los fieles, y más especialmente los laicos —recordará Pío XII en 1946—, se encuentran en primera línea de la vida de la Iglesia. Por medio de ellos, la Iglesia es el principio vital de la sociedad humana y ellos deben adquirir una conciencia cada vez más clara de que pertenecen a la Iglesia, de que *son* Iglesia»[56].

Históricamente, el proceso de toma de conciencia de la vocación y misión de los laicos cobra impulso a partir de los desafíos de la modernidad ideológica y de la secularización descristianizadora, pero no es una simple reacción defensiva que se agota en esa contienda y termina con ella. La historia muestra que se trata de un fenómeno positivo de profundización eclesiológica que afronta y aclara las relaciones Iglesia-mundo y, por consiguiente, la vocación y misión de los laicos, así como su relación con la Jerarquía. En su base se encuentra la aspiración a encauzar a Dios las conquistas de la modernidad cuya "parte oscura" irá quedando a la postre como la ocasión de una fecunda renovación de la Iglesia. Como en otras ocasiones de la historia (recientemente con el marxismo), el remedio de la crisis llevará mucho más allá de los problemas planteados.

El proceso será gradual. Influirá probablemente la inercia de siglos en que prácticamente los únicos protagonistas de la misión de la Iglesia habían sido los sacerdotes y los religiosos. Pero poco a poco irá adquiriendo fuerza la toma de conciencia eclesial de los laicos a través de una serie de fases hasta llegar al Concilio Vaticano II, donde alcanza una vigorosa madurez. La enseñanza de san Josemaría se inserta en este proceso, como él mismo afirma[57]. Nace en un momento en el que la Jerarquía eclesiástica está impulsando la misión de los laicos, pero trae un planteamiento nuevo que preconiza los futuros desarrollos del mismo Magisterio y se proyecta más allá en el horizonte de la misión evangelizadora del mundo.

b) El impulso jerárquico a la misión
de los laicos en el siglo xx

Ante el fenómeno de la secularización, los Romanos Pontífices de los dos primeros tercios del siglo xix refutaron la ideología liberal-progresista, en particular Gregorio XVI (1831-1846). También el beato Pío IX (1846-1878) sigue inicialmente esa línea en la encíclica *Quanta cura* con el *Syllabus* adjunto (1864)[58]. Sin embargo, ya en los últimos años de ese pontificado y luego con León XIII (1878-1903), el Magisterio no se limita a corregir las desviaciones, sino que comienza a impulsar la misión de los laicos.

Al principio, el motivo de las iniciativas es la necesidad de hacer frente a los intentos de marginar a la Iglesia en la sociedad. León XIII, con la encíclica *Au milieu des sollicitudes* (1892), alienta a los católicos franceses a intervenir en la vida social y política para contrarrestar la acción sectaria, laicista, de algunos gobernantes.

Ya no se podía esperar que la autoridad civil favoreciese la misión de la Iglesia. Debía ser conquista de la acción de los laicos: la "acción católica", en el sentido genérico de la expresión que se venía empleando desde tiempo atrás, no aún en el de organización de la Iglesia que, como tal, comienza a tomar forma en Italia bajo san Pío X (1903-1914), en 1905[59].

Con Pío XI (1922-1939) el impulso a la misión de los laicos entra en una fase crucial. Por una parte, el Papa denuncia el laicismo como resumen de los males de la época moderna[60]; por otra, dota a la Acción Católica de una organización y estructura que hará de ella un instrumento de gran eficacia al servicio de la Iglesia[61].

La Acción Católica, afirma el Papa, «según su auténtica y esencial definición (...) no quiere ni puede ser otra cosa que la participación y colaboración del laicado en el apostolado jerárquico»[62]. En posteriores documentos pontificios, concretamente de Pío XII (1939-1958), no se hablará de "participación", para evitar malentendidos, sino de "ayuda" y de "colaboración"[63]; y el Vaticano II usará la expresión «cooperación de los laicos en el apostolado jerárquico»[64].

Lo que se buscaba en tiempos de Pío XI era defender la presencia de la Iglesia en la sociedad, para conformarla cristianamente a través de los laicos bajo la dirección de la Jerarquía eclesiástica[65]. Esa dirección no se limitaba a indicar el fin que se buscaba y los medios espirituales para lograrlo, sino que se extendía a los objetivos próximos y a los medios. Lo que se intenta es convocar a los laicos para que secunden el apostolado de la Jerarquía con tareas que ésta les asigna porque sin ellos no se pueden realizar. Este es el propósito directo, no tanto el de promover la libertad de los laicos en el ámbito temporal para llevar a cabo, con responsabilidad personal, su misión apostólica propia recibida en el Bautismo. El planteamiento es el de prolongar a ellos, en cierto sentido, el "mandato canónico" que los sacerdotes reciben de sus Obispos[66].

Este enfoque comportaba de por sí evidentes riesgos, independientemente de que se cayera en ellos o no. Por una parte, el de una cierta "clericalización" del laico, visto como *longa manus* de la Jerarquía en cuestiones temporales; por otra, el que la misma Jerarquía se viera comprometida por las actuaciones temporales de algunos fieles que aparecían como "católicos oficiales". No obstante estos peligros, la Acción Católica constituyó un considerable contrapeso a la secularización, dio numerosos santos a la Iglesia —mártires en no pocos casos—, e impulsó y continúa impulsando la misión evangelizadora en la sociedad civil.

Sin embargo, no podía ser el remedio para todos los males. Por una parte, se hacía frente a la secularización, pero sin prestar la atención necesaria al problema del clericalismo. La Acción Católica nacía para impulsar la misión de los laicos, pero como colaboradores del clero. Tal colaboración en actividades eclesiásticas no tiene por qué entrañar peligro de clericalismo, pues resulta conforme a la naturaleza de las cosas que el clero las dirija; pero cuando se trata de actividades temporales, el riesgo existe. Por otra parte, para sanar la equivocada noción de libertad (como autonomía de Dios), se hacía necesario fomentar el ejercicio práctico de la libertad cristiana por parte de los laicos en la santificación y en el apostolado a través de las actividades temporales, asumiendo su responsabilidad propia; pero el planteamiento de la Acción Católica les ponía más bien en posición subordinada respecto al clero. No cabe duda de que en los tiempos que corrían, resultaba oportuno impulsar su acción apostólica como cumplimiento de un mandato de la Jerarquía, pero también hacía falta despertar la iniciativa de los laicos, planteando el apostolado como ejercicio responsable de la libertad de los hijos de Dios en la vida secular, donde las soluciones legítimas pueden ser múltiples y variadas. El mal de una libertad sin Dios, que "secularizaba" la cultura y la sociedad, no podía ser superado exclusivamente promoviendo "desde arriba" la intervención de los católicos en los diversos campos de la vida social. Era preciso estimular el dinamismo ínsito en su vocación y misión bautismales, para que cada uno secundara libremente "desde abajo" la acción del Espíritu Santo.

Un movimiento de fieles laicos surgido en el primer tercio del siglo XX, que pronto alcanzará vastas proporciones, es la *Jeunesse Ouvrière Chrétienne* (J.O.C.), fundada en Bélgica, en 1925, por el sacerdote (más tarde Cardenal) Joseph Cardijn (1882-1967) para impregnar de espíritu cristiano las fábricas y los ambientes de trabajos manuales. Ahí eran especialmente claros los efectos devastadores de la ideología y de la praxis marxista, que competía en el dominio de la modernidad con el liberalismo individualista y el capitalismo de entonces, combatiendo con virulencia a la Iglesia. Los orígenes de la J.O.C. son anteriores a la Acción Católica, pero se integrará en ella después. Al estar compuesta por laicos que quieren vivir su fe en el trabajo, dará lugar a una importante reflexión no sólo acerca del influjo cristiano en la sociedad sino también acerca del sentido cristiano de las actividades temporales como "lugar" de santificación y de apostolado. «Su mesa de trabajo, su oficio, su máquina, llega a ser un altar»[67], escribe Cardijn. San Josemaría empleará expresiones afines, pero sin limitar su aplicación a los obreros manuales

—lo cual comporta algunas diferencias conceptuales—
y con un planteamiento diverso al de la "cooperación
en el apostolado jerárquico" que caracteriza a la Acción
Católica y a la J.O.C.

c) Nuevos planteamientos

El impulso jerárquico al apostolado de los laicos en el primer tercio del siglo XX resulta decisivo para poner en marcha
el proceso de toma de conciencia de su vocación y misión,
proceso en el que se inscribe el mensaje de san Josemaría,
aportando a la vez unos planteamientos nuevos.

Fuente importante para este tema es el libro *Conversaciones con Monseñor Escrivá de Balaguer*, publicado en
1968, donde explica su propio mensaje en diálogo con
los entrevistadores. Su respuesta a una pregunta sobre las
características más salientes del proceso de evolución del
laicado[68] es particularmente representativa:

«He pensado siempre que la característica fundamental
del proceso de evolución del laicado es la toma de conciencia de la dignidad de la vocación cristiana. La llamada
de Dios, el carácter bautismal y la gracia, hacen que cada
cristiano pueda y deba encarnar plenamente la fe. Cada cristiano debe ser *alter Christus, ipse Christus*, presente entre los
hombres (...). Esto trae consigo una visión más honda de
la Iglesia, como comunidad formada por todos los fieles,
de modo que todos somos solidarios de una misma misión, que cada uno debe realizar según sus personales circunstancias. Los laicos, gracias a los impulsos del Espíritu
Santo, son cada vez más conscientes de ser Iglesia, de tener
una misión específica, sublime y necesaria, puesto que ha

sido querida por Dios. Y saben que esa misión depende de su misma condición de cristianos, no necesariamente de un mandato de la Jerarquía, aunque es evidente que deberán realizarla en unión con la Jerarquía eclesiástica. (...) El modo específico de contribuir los laicos a la santidad y al apostolado de la Iglesia es la acción libre y responsable en el seno de las estructuras temporales, llevando allí el fermento del mensaje cristiano»[69].

En estas palabras se pueden individuar al menos tres novedades respecto a los planteamientos que subyacen al impulso jerárquico del apostolado de los laicos en la primera mitad del siglo xx.

1. La primera se refiere al orden entre la *vocación a la santidad* y la *misión apostólica de los laicos*. La primacía corresponde, como puede verse en el texto, a "la toma de conciencia de la dignidad de la vocación cristiana": es decir, a la toma de conciencia de la llamada a la santidad que el cristiano recibe en el Bautismo. Después viene (no cronológica sino ontológicamente) "la misión que cada uno debe realizar".

Hay aquí un cambio de perspectiva que se verificará también en el Magisterio, paulatinamente, desde la época de Pío XI hasta el Concilio Vaticano II. Al inicio se percibe la urgencia de que los laicos hagan presente la fe en la vida social y defiendan a la Iglesia del laicismo: es lo que lleva a la Jerarquía a recordarles su vocación a la santidad. Después, poco a poco, se invierten los términos: se ve que debe ser la conciencia de su vocación a la santidad lo que les impulse a realizar su misión apostólica propia.

Evidentemente hay una "circulación" entre estos dos factores que se alimentan mutuamente, pero es importante advertir el orden entre ellos. Para Pío XI, el punto de partida es la misión de los laicos, que exige que busquen la santidad. Para el Concilio Vaticano II, lo primero es la llamada a la santidad, que implica asumir plenamente la propia misión. Pío XI recuerda ya la vocación universal a la santidad[70], pero esta doctrina sólo encontrará la debida resonancia con el Concilio Vaticano II, lo que se explica por el cambio de posición en la "jerarquía de las verdades". El orden no es: "los fieles laicos han de cristianizar la sociedad y para esto han de ser santos", sino "los laicos han de buscar la santidad porque es su vocación primordial, y la santidad exige que realicen su misión apostólica propia".

2. La segunda novedad se refiere a la *distinción entre la misión de los laicos y la misión de la Jerarquía* y contiene varios puntos articulados entre sí. La premisa es que «todos los bautizados —hombres y mujeres— participan por igual de la común dignidad, libertad y responsabilidad de los hijos de Dios»[71]. Exigencia de esta igualdad básica es la participación de todos en la misión de la Iglesia, con diversidad de funciones. Escribe san Josemaría:

«En la Iglesia hay diversidad de ministerios, pero uno sólo es el fin: la santificación de los hombres. Y en esta tarea participan de algún modo todos los cristianos, por el carácter recibido con los Sacramentos del Bautismo y de la Confirmación. Todos hemos de sentirnos responsables de esa misión de la Iglesia, que es la misión de Cristo»[72].

Dentro de esta diversidad de ministerios y de funciones o misiones específicas, se encuentra la misión propia de los laicos, necesaria para la de toda la Iglesia.

«La Iglesia no la forman sólo los clérigos y religiosos, sino que también los laicos —mujeres y hombres— son Pueblo de Dios y tienen, por Derecho divino, una propia misión y responsabilidad»[73]. «[Y esa misión] consiste precisamente en santificar ab intra —de manera inmediata y directa— las realidades seculares, el orden temporal, el mundo»[74].

La misión de los laicos no es prolongación de la que corresponde a los ministros sagrados. Es distinta dentro de la general misión de toda la Iglesia, y no secundaria ni subordinada, aunque ciertamente «la función santificadora del laico tiene necesidad de la función santificadora del sacerdote, que administra el sacramento de la Penitencia, celebra la Eucaristía y proclama la Palabra de Dios en nombre de la Iglesia»[75]. Al sacerdocio ministerial no le compete la dirección o la organización de las actividades temporales; de ahí que, en ese campo, el laico no sea su *longa manus*.

Otra cosa es la cooperación del laico en las tareas sagradas propias del ministerio sacerdotal, como es el «ministerio de la palabra y de los sacramentos»[76]. San Josemaría se refiere a esta posibilidad con las siguientes palabras:

«Además de esta tarea, que le es propia y específica [santificar ab intra —de manera inmediata y directa— las realidades seculares], el laico tiene también —como los clérigos y los religiosos— una serie de derechos, deberes y facultades fundamentales, que corresponden a la condición jurídica de fiel, y que tienen su lógico ámbito de ejercicio en el interior de la sociedad eclesiástica: participación activa en la liturgia de la Iglesia, facultad de cooperar directamente en el apostolado propio de la Jerarquía o de aconsejarla en su tarea pastoral si es invitado a hacerlo, etc.»[77].

En este ámbito el laico tiene la facultad de prestar su cooperación, pero de modo subordinado al sacerdocio ministerial, mientras que en el campo de las actividades temporales no existe tal subordinación.

Este planteamiento de la vocación y misión de los laicos «trae consigo una visión más honda de la Iglesia», como «comunidad formada por todos los fieles, de modo que todos somos solidarios de una misma misión»[78]. Tal perspectiva es antitética a la visión clerical, que tiende a identificar la Iglesia con la Jerarquía y minimiza la importancia del sacerdocio común de todos los fieles. En esta visión clerical, son los pastores quienes protagonizan la misión de la Iglesia en el mundo, mientras que a los laicos les corresponde a lo sumo cooperar con ellos, pero no de modo "orgánico", como entre miembros del mismo cuerpo, sino instrumental: prolongando la acción del clero que abarca no sólo a las actividades eclesiásticas sino también a las civiles y temporales.

Citaré a este respecto dos textos de san Josemaría, dirigidos a orientar la conducta del sacerdote y del laico con vistas a prevenir el "clericalismo". Uno se refiere al sacerdote:

«Me parece que a los sacerdotes se nos pide la humildad de aprender a no estar de moda, de ser realmente siervos de los siervos de Dios (...) para que los cristianos corrientes, los laicos, hagan presente, en todos los ambientes de la sociedad, a Cristo. La misión de dar doctrina, de ayudar a penetrar en las exigencias personales y sociales del Evangelio, de mover a discernir los signos de los tiempos, es y será siempre una de las tareas fundamentales del sacerdote. Pero toda labor sacerdotal debe llevarse a cabo dentro del mayor respeto a la legítima libertad de las conciencias: cada hombre debe libremente responder a Dios»[79].

El otro texto se refiere a la conducta de los laicos:

«Tenéis que difundir por todas partes una verdadera mentalidad laical, que ha de llevar a tres conclusiones: a ser lo suficientemente honrados, para pechar con la propia responsabilidad personal; a ser lo suficientemente cristianos, para respetar a los hermanos en la fe, que proponen —en materias opinables— soluciones diversas a la que cada uno de nosotros sostiene; y a ser lo suficientemente católicos, para no servirse de nuestra Madre la Iglesia, mezclándola en banderías humanas»[80].

Estas ideas deben completarse con una consideración. Los laicos —escribe san Josemaría— saben que su misión «depende de su misma condición de cristianos, no necesariamente de un mandato de la Jerarquía, aunque es evidente que deberán realizarla en unión con la Jerarquía eclesiástica y según las enseñanzas del Magisterio: sin unión con el Cuerpo episcopal y con su cabeza, el Romano Pontífice, no puede haber, para un católico, unión con Cristo»[81]. La unión con los Obispos es condición indispensable para cumplir la misión apostólica que han recibido de Dios en el Bautismo.

3. La tercera novedad en el planteamiento de la vocación laical es *la importancia del respeto a la libertad de los laicos* para llevar a cabo su misión de difundir el espíritu cristiano en la sociedad.

Promover la libertad de los fieles laicos no es una simple táctica de cara a esa misión, no es algo instrumental: es respeto a lo que se les debe por su condición de hijos de Dios y por su llamada a la santificación de las actividades temporales. Tampoco se trata de la reivindicación de una esfera de legítima autonomía respecto a la Jerarquía en el ejercicio del apostolado. El respeto a la libertad se sitúa a un nivel más profundo, tanto antropológico como eclesial. El laico responde a su vocación a la santidad sólo si despliega la misión apostólica que ha recibido de Cristo. Y ese despliegue reclama la libertad cristiana por dos razones, una común a todos los fieles y otra específica de los laicos.

La común es que la libertad es exigencia de la dignidad de los hijos de Dios; y la específica es la misión eclesial propia de los laicos: la santificación de las *actividades temporales desde dentro de ellas.* Como esas actividades admiten diversos modos de ejecución compatibles con su ordenación a Dios, los laicos necesitan que se reconozca su libertad «para tomar, a la luz de los principios enunciados por el Magisterio, todas las decisiones concretas de orden teórico o práctico —por ejemplo, en relación a las diversas opiniones filosóficas, de ciencia económica o de política, a las corrientes artísticas y culturales, a los problemas de su vida profesional o social, etc.— que cada uno juzgue en conciencia más convenientes»[82].

Es comprensible que ante la secularización —entendida como descristianización de la sociedad, marginación de la Iglesia, etc.— se estimulara la acción unitaria de los fieles cristianos, no sólo como unidad en los principios doctrinales sino también, a veces, en los medios para afrontar esos problemas. Esa unidad puede ser no sólo conveniente, sino incluso necesaria y urgente en algunas circunstancias, y la Jerarquía eclesiástica puede «dar su juicio moral, incluso sobre materias referentes al orden político, cuando lo exijan los derechos fundamentales de la persona o la salvación de las almas»[83].

Pero fuera de tales situaciones, el pluralismo de los fieles en materias temporales —el auténtico pluralismo fundado en la dignidad de personas y de hijos de Dios, no el pluralismo relativista, cerrado al reconocimiento de la verdad moral[84]— en modo alguno significa dispersión o falta de unidad. La búsqueda de la eficacia en el apostolado no debe relegar a segundo plano la libertad personal. San Josemaría hace notar que «uno de los mayores peligros que amenazan hoy a la Iglesia podría ser precisamente el de no reconocer esas exigencias divinas de la libertad cristiana, y, dejándose llevar por falsas razones de eficacia, pretender imponer una uniformidad a los cristianos»[85].

d) Desarrollos de la teología en torno al Concilio Vaticano II

El impulso jerárquico a la misión de los laicos dio lugar a una nueva reflexión teológica que contribuyó a implantar una noción "positiva" de laico como miembro de la Iglesia con una misión propia y específica, no simplemente como el "no-sacerdote" y "no-religioso".

Casi todos los autores de teología de este período escribieron alguna obra o artículo sobre los laicos. Mencionaré solamente algunos entre los más significativos: Jacques Maritain y su esposa Raïssa, Louis Bouyer, que dedica a los laicos varios capítulos de sus obras; Marie-Dominique Chenu, que aporta sobre el trabajo; Giuseppe Colombo, Yves Marie-Joseph Congar, Gérard Philips, Karl Rahner, Joseph Ratzinger, Gustave Thils, Hans Urs von Balthasar y Henri de Lubac cuyas reflexiones sobre los laicos están presentes en sus obras sobre el misterio de la Iglesia.

La relación de las enseñanzas de san Josemaría con el pensamiento de estos teólogos —a los que no trató personalmente, salvo algún caso como el de Colombo e indirectamente Philips y Thils— es muy desigual. Hay una sintonía con estos tres últimos, así como con Bouyer, mientras que distan mucho de la visión de fondo de von Balthasar (sobre todo con su obra *Estados de vida del cristiano*, donde sostiene que la identidad del laico requiere una consagración distinta de la del Bautismo) y la de Rhaner. En el caso de Congar se pueden observar algunas afinidades, pero también hay discrepancias de fondo[86].

¿Qué es lo característico de la enseñanza de san Josemaría? Trataré de responder a esta pregunta en la tercera parte del presente libro. Resumiendo mucho se puede decir que san Josemaría ve la vida cristiana de los laicos como desarrollo de los dones que han recibido en el Bautismo: la filiación divina adoptiva, el sacerdocio común y la herencia de los hijos de Dios. En realidad, se trata de un solo don, la filiación divina sobrenatural, base de los otros dos.

Para san Josemaría la identidad de los laicos deriva del Bautismo, donde reciben el don de la filiación divina adoptiva o sobrenatural (cfr. *Rm* 8, 15; *1 Jn* 3, 1), don que incluye la incorporación a la Iglesia. Inseparablemente de la filiación reciben el don del sacerdocio real o común (cfr. *1 P* 2, 5.9) con un "carácter" que les queda impreso, porque al ser hechos «hijos en el Hijo»[87] —al participar de la Filiación, que es el Hijo, el cual, al hacerse hombre, es el «Sumo sacerdote para siempre» (*Hb* 6, 20)—, participan también del sacerdocio de Cristo. Por último, con palabras de san Pablo, «si somos hijos, somos también herederos: herederos de Dios, coherederos de Cristo» (*Rm* 8,17). La herencia es la visión de Dios en la gloria y de su reflejo en todas las realidades creadas, reflejo que será pleno en los «nuevos cielos y nueva tierra» (*2 P* 3, 13). Los hijos de Dios están llamados a poseer un anticipo de su herencia ya en la vida presente, santificando a las personas y a las realidades creadas mediante el ejercicio de su sacerdocio.

En extrema síntesis, para san Josemaría la vida cristiana de los laicos es un crecimiento en santidad como hijos de Dios —una progresiva identificación con Cristo— mediante la santificación de las realidades terrenas, herencia de los hijos de Dios, por el ejercicio del sacerdocio común. Estos dones están unidos no sólo por su origen en el Bautismo sino también por su fin que es la celebración de la Eucaristía.

No me detengo más en este tema de suma importancia porque, como decía, le dedicaré la última parte de este libro.

e) San Josemaría y el Concilio Vaticano II

Las reflexiones de varios autores en los decenios precedentes al Concilio, contribuyeron a preparar el Magisterio conciliar sobre la vocación y misión de los laicos, aunque no se puede decir que lo expliquen. En el Concilio Vaticano II hay una profundización que no deriva únicamente de la especulación teológica anterior. Nunca hasta entonces el Magisterio de la Iglesia había expuesto esta cuestión con tanta amplitud y hondura. Recordemos sintéticamente algunos puntos principales.

En el Concilio se proclama que «todos en la Iglesia, ya pertenezcan a la Jerarquía, ya pertenezcan a la grey, son llamados a la santidad, según aquello del Apóstol: "Porque ésta es la voluntad de Dios, vuestra santificación" (*1 Ts* 4, 3; *Ef* 1, 4)»[88]; doctrina que se reitera también bajo la forma de llamada a la perfección cristiana: «todos los fieles, de cualquier estado o condición, están llamados a la plenitud de la vida cristiana y a la perfección de la caridad»[89]. Se enseña que «una misma es la santidad que cultivan en cualquier clase de vida y de profesión»[90]. Se afirma que «la vocación cristiana, por su misma naturaleza, es también vocación al apostolado»[91]; que los pastores «no han sido constituidos por Cristo para asumir por sí solos toda la misión salvífica de la Iglesia»[92]; que «el apostolado de los laicos es la participación en la misma misión salvífica de la Iglesia, a la que están llamados por el mismo Señor en razón del Bautismo y de la Confirmación»[93]; y que, por tanto, «surge de su misma vocación cristiana»[94]. Se testifica que todos los cristianos participan del sacerdocio de Cristo[95] y de su triple oficio[96]. El *Catecismo de la Iglesia Católica*, reflejando la doctrina del Concilio dirá que el sacerdocio ministerial «está al servicio del sacerdocio común, en orden al desarrollo de la gracia bautismal de todos los cristianos»[97].

Toda esta doctrina se aplica expresamente a la vida corriente de los laicos. Se afirma su identidad, señalando que «la índole secular es propia y peculiar de los laicos»[98]; se enseña que tienen una misión específica que cumplir: «a los laicos pertenece por propia vocación buscar el reino de Dios tratando y ordenando, según Dios, los asuntos temporales»[99], con los que su existencia está como «entretejida», por lo que se dice también que su misión es santificar el mundo «desde dentro»[100]. Se ratifica que «por estar incorporados a Cristo mediante el bautismo, constituidos en Pueblo de Dios y hechos partícipes a su manera de la función sacerdotal, profética y real de Jesucristo, ejercen, por su parte, la misión de todo el pueblo cristiano en la Iglesia y en el mundo»[101]; y se hace ver que, al estar llamados a la santidad y al apostolado en la vida ordinaria, «todas sus obras, preces y proyectos apostólicos, la vida conyugal y familiar, el trabajo cotidiano, el descanso del alma y del cuerpo, si se realizan en el Espíritu, incluso las molestias de la vida si se sufren pacientemente, se convierten en "hostias espirituales, aceptables a Dios por Jesucristo" (*1 P* 2, 5), que en la celebración de la Eucaristía, con la oblación del cuerpo del Señor, ofrecen piadosísimamente al Padre»[102]. El Concilio habla también de la cooperación de los laicos en el apostolado jerárquico, pero no dice que sea ésta la única forma de su apostolado[103].

El Concilio tiene delante la crisis de la modernidad cuando se dirige a los laicos para que «conduzcan a los hombres al progreso universal en la libertad cristiana y humana (...). Procuren coordinar sus fuerzas para sanear las estructuras y los ambientes del mundo, si en algún caso incitan al pecado, de modo que todo esto se conforme a las normas de la justicia y favorezca, más bien que impida, la práctica de las virtudes. (...) Porque, así como debe reconocerse que la ciudad terrena, vinculada justamente a las preocupaciones temporales, se rige por principios propios, con la misma razón hay que rechazar la infausta doctrina que intenta edificar a la sociedad prescindiendo en absoluto de la religión y que ataca o destruye la libertad religiosa de los ciudadanos»[104].

La consonancia de la predicación de san Josemaría con el Magisterio conciliar es total. No se trata sólo de una cierta concordancia sino de la «cordial sintonía de quien percibe que las líneas de fuerza de su pensamiento y de su predicación se encuentran presentes también como líneas de fuerza en la enseñanza conciliar»[105]. Lo reconoce él mismo en una entrevista de 1968 publicada en *L'Osservatore della Domenica*:

«Una de mis mayores alegrías ha sido precisamente ver cómo el Concilio Vaticano II ha proclamado con gran claridad la vocación divina del laicado. Sin jactancia alguna, debo decir que (...) ha confirmado lo que —por la gracia de Dios— veníamos viviendo y enseñando desde hace tantos años»[106].

De hecho, ha sido considerado autorizadamente como precursor del Concilio Vaticano II. Podemos recordar en este sentido unas palabras de Juan Pablo II dirigidas a los participantes en un "Congreso teológico de estudios sobre las enseñanzas del Beato Josemaría Escrivá" celebrado en Roma en 1993, un año después de su beatificación: «La profunda conciencia que la Iglesia actual tiene de estar al servicio de una redención que atañe a todas las dimensiones de la existencia humana, fue preparada, bajo la guía del Espíritu Santo, por un progreso intelectual y espiritual gradual. El mensaje del beato Josemaría constituye uno de los impulsos carismáticos más significativos en esa dirección»[107].

> Conviene tener presente que la expresión "precursor del Concilio" se aplica a san Josemaría Escrivá de distinto modo que a los teólogos citados antes, los cuales han ejercido un influjo a través de sus escritos de investigación. El caso de san Josemaría es diverso. En los años del Concilio, solamente se habían publicado dos libros suyos: *Camino* y *Santo Rosario*; aún no había visto la luz *Conversaciones* ni otros muchos escritos sobre estos temas que se están publicando en los últimos años en edición crítica, pero había fundado el Opus Dei y había plasmado en su espíritu y en su labor apostólica, extendida ya entonces por muchos países, las enseñanzas centrales del Concilio Vaticano II a las que nos hemos referido antes.

La sintonía con el Concilio Vaticano II es una coincidencia de base, o sea, de cimientos de la vocación y misión de los laicos. Pero, además de esta base, hay en Josemaría Escrivá un cuerpo de doctrina espiritual que hace ver la articulación entre los dones recibidos en el Bautismo: la filiación divina sobrenatural, la herencia de los hijos de Dios y el sacerdocio común. En el Concilio se muestra la presencia de estos dones, pero no es explícito el nexo que los une. En este sentido, la enseñanza de san Josemaría representa un horizonte para comprender y desarrollar la doctrina del Concilio Vaticano II. Baste pensar en su enseñanza sobre el sentido de la filiación divina como fundamento de la vida espiritual, o sobre la santificación del trabajo profesional como "eje" de la santificación en medio del mundo, o sobre el sacerdocio común que permite crecer como hijos de Dios mediante su ejercicio en la santificación de las actividades temporales.

f) La secularidad teológica

Después del Concilio, uno de los temas dominantes en el debate teológico es el de la "índole secular" que la Constitución *Lumen gentium* indica en su número 31 como "propia y peculiar" de los fieles laicos. Hay quienes entienden que la secularidad no puede ser una nota teológica que define al laico por dos motivos: el primero, porque hay sacerdotes que también son "seculares"; y el segundo porque, como enseña Pablo VI, toda la Iglesia «tiene una auténtica dimensión secular, inherente a su íntima naturaleza y a su misión, que hunde su raíz en el misterio del Verbo Encarnado, y se realiza de formas diversas en todos sus miembros»[108] (por tanto, también en los religiosos).

Con respecto a lo primero hay que tener en cuenta que afirmar que la secularidad es algo propio de los laicos no implica negar la secularidad de los sacerdotes seculares. Estos dejan de ser laicos por la consagración del sacramento del Orden, pero no pierden la secularidad por la ordenación sacerdotal, que no les separa del mundo. A la vez, la ordenación lleva consigo que su secularidad adquiera una cualidad nueva. El Beato Álvaro del Portillo lo explica así: «En los clérigos se produce una prevalencia de su función ministerial, de suerte que, si radicalmente no quedan separados del orden secular, su función en el orden profano queda supeditada a su función sacra (...); es importante tener en cuenta que *radicalmente* continúan insertos en el mundo; [la ordenación sacerdotal] no es un fenómeno de separación sino de prevalencia y supeditación»[109]. Esta observación tiene gran interés para explicar que el mensaje de san Josemaría se dirige igualmente a laicos y a sacerdotes seculares. Es un espíritu de santificación en medio del mundo que pueden asumir plenamente quienes tienen la secularidad como nota propia de su vocación en la Iglesia, ya sean laicos o sacerdotes seculares.

Hay otras posturas diversas al respecto. Mencionamos por ejemplo la de Karl Rahner contenida en un artículo de 1954 que no se refiere directamente a los sacerdotes sino a los laicos, pero que tiene consecuencias para los primeros. Rahner impugna la plena secularidad de los miembros de la Acción Católica porque en su vida tiene preponderancia la condición de "colaboradores en el apostolado jerárquico". Su razonamiento estriba en que «la verdadera condición de seglar cesa allí donde se participa en sentido propio y de manera habitual en los poderes propios de la Jerarquía, de modo que el ejercicio de tales poderes imprima, por así decirlo, carácter a la vida del interesado; es decir, modifique su puesto en el mundo. En esto es insignificante, desde el punto de vista teológico, el que en la práctica real de la Iglesia tales poderes se transmitan mediante ordenación o sin ella»[110].

A esto se pueda objetar que, si los seglares que colaboran de modo habitual y relevante para su vida en funciones propias de los presbíteros cesan *por este motivo* en la "verdadera condición de seglares" —es decir, dejan de tener como propia la nota de la secularidad—, entonces habrá que decir también, y con mayor razón, que los presbíteros no pueden tener esa nota teológica y no podría haber entonces, en sentido teológico propio, "sacerdotes (presbíteros) seculares". Sólo se podrían llamar así en sentido sociológico (por el hecho de vivir en medio del mundo).

Aparte de las conclusiones que haya que sacar de las palabras de Rahner para los pertenecientes a la Acción Católica (asunto que provocó bastante polémica en su momento, porque no resultaba aceptable dudar de la verdadera secularidad de los miembros de Acción Católica), todo conduce a afirmar que —según este autor— la ordenación sacerdotal implica la pérdida de la secularidad (en el caso, claro está, de que el ordenado fuese antes un seglar; porque si ya era religioso el asunto no se plantea).

Según otros autores —entre ellos Álvaro del Portillo, como hemos visto—, lo que hace perder la condición secular es la consagración religiosa, no la consagración sacerdotal. Esta última comporta la pérdida de la condición laical pero no la secularidad, que no pertenece sólo a los laicos. Ciertamente, la "índole secular" es propia y peculiar de los laicos, como dice *Lumen gentium*, n. 31. Pero añade que «los presbíteros algunas veces pueden tratar asuntos seculares, incluso ejerciendo una profesión secular, pero, por razón de su vocación particular, han sido ordenados principal y directamente para el sagrado ministerio». Por tanto, también a ellos les corresponde la secularidad, pero con una cualidad nueva en su caso, pues, «por razón de su vocación particular, han sido ordenados principal y directamente para el sagrado ministerio». O sea, la secularidad de los sacerdotes tiene una cualidad que no está presente en la "índole secular" de los laicos, pero que no afecta a la esencia de la secularidad.

Las cosas pueden aclararse si se afirma, como hace Álvaro del Portillo en las palabras antes citadas, que la secularidad no cesa por la ordenación sacerdotal porque ésta "no es un fenómeno de separación" del mundo "sino de prevalencia" del ministerio sacerdotal sobre las actividades seculares y de "supeditación" de todas estas actividades temporales al ejercicio de ese ministerio sagrado. Esta es también, sin duda, la convicción de san Josemaría, para quien los sacerdotes seculares son "seculares" en sentido teológico y no sólo sociológico.

La posición de Rahner, aparentemente favorable a la secularidad de los laicos, pone en tela de juicio la verdadera secularidad de los sacerdotes "seculares".

Respecto a la segunda objeción a que nos referíamos —que la "secularidad" no podría ser una nota propia de los laicos (y de los sacerdotes seculares) porque hay una "secularidad" en sentido amplio de todo miembro de la Iglesia y, por tanto, también de los religiosos—, Pedro Rodríguez hace notar que la secularidad no pertenece por igual a todos los que la poseen[111]. Cabe un uso *análogo* del término "secularidad" que permite referirlo a cualquier miembro de la Iglesia, pero no del mismo modo. Ante todo, volvamos a recordarlo, «la índole secular es propia de los laicos»[112]: la secularidad es la nota especificadora de su vocación y misión de santificar el mundo "desde dentro"; es una relación "teológica" con las actividades temporales: la relación de quien está llamado a santificarlas *ab intra*, o sea, al ejercerlas y desarrollarlas para la edificación de la sociedad humana y el progreso temporal. Pero *en sentido análogo* la secularidad corresponde también a los religiosos, ya que viven *in saeculo* y tienen la misión de santificar el mundo no "desde dentro" sino a través del testimonio escatológico de su vida consagrada, o sea de un modo diverso al de los fieles laicos. De hecho, la Iglesia reconoce también una "secularidad consagrada", como forma peculiar de vida consagrada en medio del mundo. Es "secularidad", pero no en el mismo sentido que la de los laicos, sino en sentido análogo[113].

El problema se presenta cuando se afirma que la "secularidad" es una nota *teológica* sólo si es "secularidad consagrada" (mediante la profesión de los "consejos evangélicos"), quedando la "índole secular" de los laicos reducida a simple dato *sociológico*, que no basta para definir su posición en la Iglesia. En el debate postconciliar, algunos han mostrado entender, en la línea de von Balthasar a la que ya nos hemos referido, que el fiel laico es simplemente el bautizado, o sea el cristiano llamado a la santidad, pero aún no comprometido con una misión propia en la Iglesia; los que se comprometen serían los "laicos consagrados", aquellos que asumen los votos de la vida consagrada: y éstos serían los que tienen la secularidad como nota teológica propia.

Otros autores —entre ellos san Josemaría— discrepan de esta visión. Distinguen la condición genérica de fiel, común a todos los bautizados, de la específica de laico, que comporta una misión propia y peculiar en la Iglesia, compartida por la inmensa mayoría de sus miembros[114]; y sostienen que el laico no necesita de ninguna nueva consagración, distinta de la del Bautismo y de la Confirmación, para asumir plenamente su vocación a la santidad y su misión de santificar el mundo desde dentro. Son estos fieles cristianos los que poseen la secularidad como nota teológica propia y específica de su vocación cristiana peculiar. Su secularidad o índole secular es sencillamente la relación teológica que poseen con las actividades temporales, es decir, la relación que es propia de su misma cualidad de ciudadanos corrientes pero elevada por la gracia del Bautismo a medio de santificación. Esta secularidad es un don de Dios que ya poseen como semilla desde el Bautismo y que se desarrolla cuando lo asumen conscientemente. Para san Josemaría la secularidad, es uno de los modos en que se da «el carisma de la santidad y del apostolado»[115] en el Pueblo de Dios. Según Pedro Rodríguez es un carisma que «no le es adyacente al laico, no se superpone a su condición cristiana como fruto de una situación sociológica en el *saeculum*, en el mundo, sino que determina su auténtica posición *teológica* en la estructura fundamental de la Iglesia»[116].

Transcurridos más de veinte años del Concilio Vaticano II, Juan Pablo II publicó la exhortación apostólica *Christifideles laici* (30 de diciembre de 1988), fruto del Sínodo de Obispos celebrado un año antes sobre "la vocación y misión de los laicos en la Iglesia y en el mundo, a los veinte años del Concilio Vaticano II". Desde el inicio, el documento se presenta como reafirmación de las enseñanzas conciliares y despliegue de su potencial evangelizador. Fija el binomio vocación-misión en su orden nativo, presentando la llamada a la santidad recibida en el Bautismo como fuente de la misión del laico. De este modo lleva a comprender que tal misión tiene su origen en la incorporación a Cristo por medio del Bautismo, no en un mandato posterior o en la recepción de un ministerio. Vale la pena recordar algunos párrafos.

Se afirma que «ciertamente todos los miembros de la Iglesia son partícipes de su dimensión secular; pero de formas diversas. En particular, la participación de los fieles laicos tiene una modalidad propia de actuación y de función, que, según el Concilio, "es propia y peculiar" de ellos. Tal modalidad se designa con la expresión "índole secular" (...). Son personas que viven la vida normal en el mundo, estudian, trabajan, entablan relaciones de amistad, sociales, profesionales, culturales, etc. El Concilio considera su condición no como un dato exterior y ambiental, sino como una realidad destinada a obtener en Jesucristo la plenitud de su significado (...). El "mundo" se convierte en el ámbito y el medio de la vocación cristiana de los fieles laicos, porque él mismo está destinado a dar gloria a Dios Padre en Cristo. (...) Precisamente en esta perspectiva los Padres sinodales han afirmado lo siguiente: "La índole secular del fiel laico no debe ser definida solamente en sentido sociológico, sino sobre todo en sentido teológico. El carácter secular, debe ser entendido a la luz del acto creador y redentor de Dios, que ha confiado el mundo a los hombres y a las mujeres, para que participen en la obra de la creación, la liberen del influjo del pecado y se santifiquen en el matrimonio o en el celibato, en la familia, en la profesión y en las diversas actividades sociales"» (n. 15).

Todos en la Iglesia, precisamente por ser miembros de ella, reciben y, por tanto, comparten la común vocación a la santidad. Los fieles laicos están llamados, a pleno título, a esta común vocación, sin ninguna diferencia respecto de los demás miembros de la Iglesia (...). La vocación a la santidad hunde sus raíces en el Bautismo y se pone de nuevo ante nuestros ojos en los demás sacramentos, principalmente en la Eucaristía. La vida según el Espíritu, cuyo fruto es la santificación (cfr. *Rm* 6, 22; *Ga* 5, 22), suscita y exige de todos y de cada uno de los bautizados el seguimiento y la imitación de Jesucristo» (n. 16).

(...) Los Padres sinodales han dicho: "La unidad de vida de los fieles laicos tiene gran importancia. Ellos, en efecto, deben santificarse en la vida profesional y social ordinaria. Por tanto, para que puedan responder a su vocación, los fieles laicos deben considerar las actividades de la vida cotidiana como ocasión de unión con Dios y de cumplimiento de su voluntad, así como también de servicio a los demás hombres, llevándolos a la comunión con Dios en Cristo"» (n. 17).

No me detengo aquí en la Exhortación apostólica *Gaudete et exsultate* (19 de marzo de 2018), del papa Francisco, que tiene como subtítulo "Sobre el llamado a la santidad en el mundo actual", porque no trata de lo específico de los laicos o la espiritualidad laical sino de lo común a todos los fieles: laicos, religiosos o sacerdotes[117]. Su propósito es «hacer resonar una vez más el llamado a la santidad, procurando encarnarlo en el contexto actual, con sus riesgos, desafíos y oportunidades» (n. 2). No pretende ahondar en la identidad teológica de los fieles laicos, que es el tema de este escrito, aunque su enfoque práctico —«no es de esperar aquí un tratado sobre la santidad», advierte el Papa al comienzo—, resulta enriquecedor para su vida cotidiana como para la de todos los fieles.

* * *

En una entrevista publicada en el libro *Conversaciones con monseñor Escrivá de Balaguer,* se plantea cuál es la aportación de su mensaje al proceso de toma de conciencia por parte de los laicos de su vocación y misión. Con la mesura que reclama todo juicio sobre desarrollos recientes en la vida de la Iglesia, responde que «no es quizá éste el momento histórico más adecuado para hacer una valoración global de este tipo»[118], pero a la vez, la conciencia de ser depositario de un carisma destinado a impulsar ese proceso para la edificación de la Iglesia, indica una serie de «adquisiciones doctrinales a las que indudablemente Dios ha querido que contribuyese»[119].

En síntesis se trata del «desarrollo de una auténtica espiritualidad laical»[120]; concretamente se refiere a «la comprensión de la peculiar tarea eclesial —no eclesiástica u oficial— propia del laico (...); el deseo de buscar la perfección cristiana y de hacer apostolado, procurando la santificación del propio trabajo profesional; el vivir inmersos en las realidades seculares, respetando su propia autonomía, pero tratándolas con espíritu y amor de almas contemplativas (...) el respeto de la dignidad y de la libertad que provienen de la filiación divina del cristiano»[121].

Concluyendo, dentro del «proceso de evolución del laicado»[122], san Josemaría se caracteriza por haber predicado la llamada universal a la santidad en medio del mundo a través del trabajo profesional y de las tareas de la vida ordinaria, poniendo como fundamento el sentido de la filiación divina recibida en el Bautismo junto con el sacerdocio común; y por haber reivindicado para los laicos una libertad cristiana que configura el modo de buscar la santidad y de llevar a cabo la misión que les corresponde de vivificar con el espíritu de Jesucristo la entera sociedad, herencia de los hijos de Dios, desde dentro de las actividades temporales que impulsan su progreso.

NOTAS

[1] Oración colecta de la memoria litúrgica de san Josemaría: Congregación para el Culto Divino y la Disciplina de los Sacramentos, Prot. N. 652/04/L.

[2] PABLO VI, Quirógrafo, 1-X-1964, en: A. VÁZQUEZ DE PRADA, *El Fundador del Opus Dei: Mons. Josemaría Escrivá de Balaguer, 1902-1975*, Madrid 1983, p. 333. La primera parte del presente libro es una versión abreviada del texto que escribí para E. BURKHART – J. LÓPEZ DÍAZ, *Vida cotidiana y santidad en la enseñanza de san Josemaría*, vol. I, Parte preliminar I, Rialp 2010.

[3] Cfr. SAN CLEMENTE ROMANO, *Ep. ad Corinthios* (*1 Clem.*) 40, 4.

[4] Cfr. CONC. VATICANO II, Const. dogm. *Lumen gentium*, cap. IV. Pero se sigue usando el término "laico" de las dos formas. El Código de Derecho Canónico (c. 207), lo emplea en el sentido de "no clérigo", mientras que los cánones que tratan "De las obligaciones y derechos de los fieles laicos" (cc. 224 ss.), lo toman en el sentido que indica positivamente lo que es el fiel laico. Como es obvio, si se entiende por laico solamente el "no sacerdote", entonces también muchos religiosos se pueden llamar laicos; pero si se entiende en el segundo sentido entonces los religiosos no son laicos. Cfr. J. HERVADA, *La definición nominal del laico (Etimología y uso primitivo)*, en: "Ius Canonicum" 8 (1968) 471-533; ID., *Tres estudios sobre el uso del término laico*, Pamplona 1973, 242 pp.

[5] CONC. VATICANO II, Const. dogm. *Lumen gentium*, n. 31.

[6] Cfr. J. LEAL, *Apuntes para la historia de la expresión "primeros cristianos", y su uso por el Beato Josemaría*, en: "Annales Theologici" 16 (2002) 185-199. En rigor, los "primeros cristianos" serían los que formaron la primera comunidad cristiana el día de Pentecostés, pero es frecuente extender la expresión a los cuatro primeros siglos.

[7] TERTULIANO, *Apologeticum*, c. 42, 1-3.

[8] *Carta a Diogneto*, c. 5.

[9] Cfr. ORÍGENES, *Contra Celsum*, 3,55.

[10] SAN JUAN CRISÓSTOMO, *In Matth. hom.*, 43, 5.

[11] SAN JOSEMARÍA ESCRIVÁ, *Carta* 1, n. 91. Cito las Cartas de san Josemaría por el número que tienen en la colección de obras completas publicada por Ediciones Rialp. La correspondencia de ese número con la fecha que figura en la portada de cada carta puede verse en J.L. ILLANES, *Introducción general a las Cartas de san Josemaría*, vol. I, Rialp 2020, pp. 24-32.

[12] Cfr. M. VILLER – K. RAHNER, *Ascetica e mistica nella Patristica*, Brescia 1991 (orig. de 1939), pp. 265 s.

[13] *Ibid.*, p. 267.

[14] Cfr. DHUODA, *La educación cristiana de mi hijo* (*Liber manualis Dhuodane quem ad filium suum transmisit Wilhelmum*), edición castellana de M. Merino, Pamplona 1995.

[15] Cfr. J. ORLANDIS, *Laicos cristianos en la Europa medieval*, en: Aa.Vv., *El cristiano en el mundo*, Pamplona 2003, pp. 384-386.

[16] Esto no significa que no haya santos entre los laicos de esta época, sino que raramente llegan a los altares. Baste pensar que cada santo de esa notable formación de sacerdotes y de religiosos canonizados, tiene un padre y una madre que son fieles laicos cuya vida discurre en medio de la sociedad de su tiempo y que, en no pocos casos, alcanzan ahí una eminente santidad que pasa inadvertida y oculta. Para valorar el papel de los padres se recuerde a santa Mónica, madre de san Agustín, o –saltando en el tiempo– a los padres de santa Teresa de Lisieux, canonizados por el papa Francisco el 18 de octubre de 2015.

[17] L. BOUYER, *L'Église de Dieu, corps du Christ et temple de l'Esprit*, Paris 1970, p. 464.

[18] *Decretum Magistri Gratiani*, C. XII, q. 1, c. 7 (ed. Friedberg, 678). Obra compuesta entre 1140 y 1142.

[19] El caso de santa Catalina de Siena (1347-1380) es especial. Toma solamente el hábito de la Orden Tercera de Santo Domingo, a la que pertenecen también seglares.

[20] Cfr. SAN FRANCISCO DE SALES, *Introducción a la vida devota*, parte 1ª, c. 1.

[21] *Ibid.*, prólogo.

[22] Cfr. A. LUCIANI, *Cercando Dio nel lavoro quotidiano*, en "Il Gazzettino di Venezia", 25-VII-1978.

[23] J.L. ILLANES, *Existencia cristiana y mundo*, Pamplona 2003, p. 88.

[24] BEATO ÁLVARO DEL PORTILLO, *Entrevista sobre el Fundador del Opus Dei*, Madrid 1993, p. 128.

[25] P. RODRÍGUEZ, *Edición crítico-histórica de "Camino"*, cit., introducción al cap. "La gloria de Dios".

[26] SAN JOSEMARÍA ESCRIVÁ, *Conversaciones*, n. 43. En lo sucesivo omito el nombre del autor en las citas de esta obra y de las demás de san Josemaría citadas en este libro.

[27] Apuntes de la predicación, 30-X-1964 (AGP, P01 VII-1967, p. 7).

[28] *Conversaciones*, n. 118.

[29] SAN JOSEMARÍA ESCRIVÁ, *Es Cristo que pasa*, n. 105.

[30] Es lo que expresa el CONC. VATICANO II, siguiendo la tradición, cuando al señalar los elementos comunes a toda forma de vida religiosa, recuerda a sus miembros que «han respondido al llamamiento divino para que no sólo estén muertos al pecado, sino que, renunciando al mundo, vivan únicamente para Dios» (Conc. Vaticano II, Decr. *Perfectae caritatis*, n. 5).

[31] CÓDIGO DE DERECHO CANÓNICO, c. 607.

[32] *Conversaciones*, n. 113.

[33] *Amigos de Dios*, n. 250.

[34] *Es Cristo que pasa*, n. 99.

[35] *Carta* 6, n. 15.

[36] *Carta* 3, n. 91.

[37] *Conversaciones*, n. 62.

[38] *Instrucción*, 19-III-1934, nota 43.

[39] *Conversaciones*, n. 62.

[40] Cfr. M. FAZIO, *Historia de las ideas contemporáneas. Una lectura del proceso de secularización*, Madrid 2019, 6.ª ed.

[41] «Algunos sitúan su comienzo [de la "modernidad" ideológica] en el "siglo de las luces"; otros hacen retroceder un poco su aparición hasta las críticas de Kant; para otros su gran iniciador es Hegel (...). Hay también quienes sostienen que comienza con el espíritu científico "positivista" (...), con la repulsa de toda reflexión metafísica, así como de toda religión. Tal sería la última y definitiva conquista: negarse a ver en el hombre aspiración alguna trascendente (...). En este caso podría decirse que el origen primero de la "modernidad", su espíritu profundo (...) es el rechazo de toda fe, consecuencia del rechazo del misterio humano» (H. DE LUBAC, *Diálogo sobre el Vaticano II*,

Madrid 1985, pp. 78-79). El autor resalta aquí sobre todo las sombras de la modernidad, pasando por alto los aspectos positivos a que nos referiremos después.

[42] Cfr. P. HAZARD, *El pensamiento europeo en el siglo XVIII*, Madrid 1958, p. 462.

[43] *Carta* 8, n. 21.

[44] *Ibid.*

[45] *Conversaciones*, n. 47.

[46] *Carta* 8, n. 21.

[47] *Conversaciones*, n. 47.

[48] J. RATZINGER, *Fe, verdad y tolerancia*, Salamanca 2013, p. 251.

[49] J. J. SANGUINETI, *La libertad en el centro del mensaje del Beato Josemaría*, en: AA.Vv. *La grandezza della vita quotidiana*, vol. III, Roma 2003, p. 98.

[50] *Amigos de Dios*, n. 35. Cfr. *Conversaciones*, nn. 17, 184, etc.

[51] Cfr. CH. TAYLOR, *Fuentes del yo. La construcción de la identidad moderna*, Barcelona 1996, p. 518.

[52] Cfr. CONC. VATICANO II, Const. past. *Gaudium et spes*, n. 36.

[53] Cfr. F. OCÁRIZ, *El marxismo. Teoría y práctica de una revolución*, Madrid 1975, cap. 1.

[54] *Carta a Diogneto*, c. 5-6.

[55] Y.M.-J. CONGAR, *Eclesiología. Desde San Agustín hasta nuestros días*, en: M. SCHMAUS – A. GRILLMEIER – L. SCHEFFCZYK, *Historia de los dogmas*, t. III, fasc. 3d, pp. 293-294.

[56] Pío XII, Discurso, 20-II-1946: AAS 38 (1946) 149.

[57] Cfr. *Conversaciones*, n. 20.

[58] Cfr. DH 2890-2980.

[59] Cfr. SAN PÍO X, Enc. *Il fermo proposito*, 11-VI-1905: AAS 37 (1905) 741-767 (sobre la institución y desarrollo de la "Acción Católica" en Italia).

[60] Cfr. PÍO XI, Enc. *Quas primas*, 11-XII-1925: AAS 17 (1925) 593-610. Cfr. M. FAZIO, *Pax Christi in regno Christi. Il pontificato di Pio XI come contesto di anni decisivi nella vita del Beato Josemaría Escrivá*, en: AA.Vv., *La grandezza della vita quotidiana*, cit., vol. II, pp. 51-68.

[61] Cfr. PÍO XI, Carta *Quae nobis*, 13-XI-1928. A. ALONSO LOBO, *Qué es y qué no es la Acción Católica: estudio teológico jurídico*, Madrid 1950, 255 pp. (especialmente la parte III, pp. 179-244).

[62] Pío XI, Enc. *Non abbiamo bisogno,* 29-VI-1931: AAS 28 (1931) 287.

[63] Cfr., p.ej., Pío XI, Enc. *Summi Pontificatus,* 20-X-1939: AAS 21 (1939) 442; Alocución a los Obispos italianos, 25-I-1950: AAS 42 (1950) 247; Enc. *Anni Sacri,* 12-III-1950: AAS 42 (1950) 219.

[64] CONC. VATICANO II, Decr. *Apostolicam actuositatem,* n. 20.

[65] Cfr. M. RHONHEIMER, *Il rapporto tra verità e politica nella società cristiana. Riflessioni storico-teologiche per la valutazione dell'amore della libertà nella predicazione di Josemaría Escrivá,* en: AA.VV., *La grandezza della vita quotidiana,* Roma 2002-2004, vol. VI/2, p. 173.

[66] Cfr. G. REDONDO, *Historia de la Iglesia en España, 1931-1939,* vol. I, p. 92; M. FAZIO, Pax Christi in regno Christi. *Il pontificato di Pio XI come contesto di anni decisivi nella vita del Beato Josemaría Escrivá,* en: AA.VV., *La grandezza della vita quotidiana,* cit., vol. II, pp. 51-68.

[67] J. CARDIJN, *La formation des militants,* en: AA.VV., *Compte-rendu de la semaine d'études internationale de la Jeunesse Ouvrière Chrétienne,* Bruxelles 1935, p. 159.

[68] *Conversaciones,* n. 58.

[69] *Ibid.,* nn. 58-59.

[70] Cfr. Pío XI, Enc. *Rerum omnium,* 26-I-1923: AAS 15 (1923) 50.

[71] *Conversaciones,* n. 14.

[72] Homilía *Lealtad a la Iglesia,* 4-VI-1972, en: *Amar a la Iglesia,* Madrid 1986².

[73] *Conversaciones,* n. 14.

[74] *Ibid.,* n. 9. Cfr. CONC. VATICANO II, Const. dogm. *Lumen gentium,* n. 31.

[75] *Conversaciones,* n. 69.

[76] CONC. VATICANO II, Decr. *Apostolicam actuositatem,* n. 6; cfr. Const. dogm. *Lumen gentium,* n. 26; Decr. *Presbyterorum Ordinis,* n. 4; etc.

[77] *Conversaciones,* n. 9.

[78] *Ibid.,* n. 59.

[79] *Conversaciones,* n. 59; cfr. n. 12.

[80] *Ibid.,* n. 117.

[81] *Conversaciones,* n. 59.

[82] ID., n. 12.

[83] CONC. VATICANO II, Const. past. *Gaudium et spes,* n. 76.

[84] «Si el cristiano debe "reconocer la legítima pluralidad de opiniones temporales" (*Gaudium et spes,* n. 75), también está llamado a disentir

de una concepción del pluralismo en clave de relativismo moral, nociva para la misma vida democrática, pues ésta tiene necesidad de fundamentos verdaderos y sólidos, esto es, de principios éticos que, por su naturaleza y papel fundacional de la vida social, no son "negociables"» (CONGR. PARA LA DOCTRINA DE LA FE, *Nota doctrinal sobre algunas cuestiones relativas al compromiso y la conducta de los católicos en la vida política*, 24-XI-2002, n. 3: AAS 96 (2004) 362.

[85] *Conversaciones*, n. 59.

[86] Cfr. E. BURKHART – J. LÓPEZ DÍAZ, *Vida cotidiana y santidad en la enseñanza de san Josemaría*, cit., vol. I, pp. 79-92.

[87] CONCILIO VATICANO II, Const. *Gaudium et spes*, n. 22.

[88] CONC. VATICANO II, Const. dogm. *Lumen gentium*, n. 39. Sobre la enseñanza de la Const. *Lumen gentium* en general y particularmente en este aspecto, cfr. G. PHILIPS, *La Iglesia y su misterio en el Vaticano II. Historia, texto y comentario de la constitución "Lumen gentium"*, cit., vol. 2, pp. 13-60.

[89] CONC. VATICANO II, Const. dogm. *Lumen gentium*, n. 40.

[90] ID., n. 41.

[91] ID., Decr. *Apostolicam actuositatem*, n. 2.

[92] ID., Const. dogm. *Lumen gentium*, n. 30.

[93] *Ibid.*, n. 33.

[94] CONC. VATICANO II, Decr. *Apostolicam actuositatem*, n. 1.

[95] Cfr. ID., Const. dogm. *Lumen gentium*, n. 10.

[96] Cfr. ID., n. 31.

[97] CCE, n. 1547.

[98] CONC. VATICANO II, Const. dogm. *Lumen gentium*, n. 31.

[99] *Ibid.*

[100] *Ibid.*

[101] *Ibid.*

[102] *Ibid.*, n. 34.

[103] Cfr. ID, n. 33; Decr. *Apostolicam actuositatem*, nn. 20 y 24.

[104] ID., Const. dogm. *Lumen gentium*, n. 36; cfr. Decl. *Dignitatis humanae*, nn. 2, 3 y 7.

[105] L.F. MATEO-SECO, *Temas teológicos en el pensamiento del Beato Josemaría Escrivá sobre el sacerdocio ministerial*, en: "Scripta Theologica" 34 (2002) 173.

[106] *Conversaciones*, n. 72.

[107] JUAN PABLO II, Discurso, 14-X-1993, n. 3. Años antes había dicho sobre san Josemaría: «Desde los comienzos se ha anticipado a esa teología del laicado, que caracterizó después a la Iglesia del Concilio y del postconcilio» (JUAN PABLO II, Homilía, 19-VIII-1979, n. 1).

[108] SAN PABLO VI, Discurso 2-II-1972, AAS 64 (1972) 208.

[109] BEATO ÁLVARO DEL PORTILLO, *Fieles y laicos en la Iglesia. Bases de sus respectivos estatutos jurídicos*, Pamplona 1991, p. 202. A continuación, añade: «En cambio, en los religiosos —testigos públicos, *nomine Ecclesiae*, del espíritu de las bienaventuranzas (cfr. *Lumen gentium*, n. 31b) y por tanto del nuevo cielo y de la nueva tierra— se produce una verdadera separación. Es esa separación *a curis et negotiis saecularibus* la que produce, la que hace posible, el testimonio escatológico público que es propio y esencial del estado religioso» (*ibid.*, pp. 202-203).

[110] K. RAHNER, *Über den Laienapostolat*, en: ID., *Escritos de teología*, Madrid 1961, vol. II, p. 350.

[111] Cfr. P. RODRÍGUEZ, *La identidad teológica del laico*, en: AA.Vv. *La misión del laico en la Iglesia y en el mundo*, cit., p. 98.

[112] «*Laicis indoles saecularis propria et peculiaris est*» (CONC. VATICANO II, Const. dogm. *Lumen gentium*, n. 31).

[113] SAN JUAN PABLO II ha afirmado que «cuando los laicos se comprometen en el camino de los consejos evangélicos, sin duda entran en cierta medida en un estado de vida consagrada, muy diferente de la vida más común de los otros fieles» (Discurso, 5-X-1994, n. 4).

[114] Cfr. *Conversaciones*, n. 9.

[115] *Ibid.*, n. 59.

[116] P. RODRÍGUEZ, *La identidad teológica del laico*, en: AA.Vv., *La misión del laico en la Iglesia y en el mundo*, cit., p. 94.

[117] El término "laico" no aparece en el documento; el de "laicos" en plural aparece dos veces.

[118] *Conversaciones*, n. 20.

[119] Ibid., n. 21.

[119] *Ibid.*, n. 21.

[120] *Ibid.*

[121] *Ibid.*, n. 22.

[122] *Ibid.*, n. 58.

San Josemaría en Valencia en 1939

"Hemos venido a decir
que la santidad no es cosa para privilegiados:
que a todos nos llama el Señor,
cualquiera que sea su estado, su profesión o su oficio.
Porque esa vida corriente, ordinaria,
puede ser medio de santidad"

(San Josemaría, *Carta* n.º 1)

II.
UNA VISIÓN DEL TRABAJO
Nota histórica y teológica sobre la santificación del trabajo

LA EXPRESIÓN *SANTIFICACIÓN del trabajo* era desconocida en la cultura hasta hace unas décadas[1]. Durante siglos, la teología ha pasado por alto el mismo tema del trabajo, como se puede constatar en la primera edición del monumental *Dictionnaire de Théologie Catholique*, acabado de publicar en 1950, en cuyos 30 volúmenes con más de 65.000 páginas no existe una voz dedicada al trabajo[2]. El primer artículo sobre el trabajo en un diccionario teológico de importancia, no aparece hasta 1963[3]. El autor, Marie-Dominique Chenu, O.P., es bien consciente de que «constituye una novedad que la palabra *trabajo* se introduzca en un diccionario de conceptos fundamentales de teología: una novedad extraordinariamente significativa tanto en relación con la conciencia cristiana como respecto a la reflexión teológica. Con ello se da entrada, en la estructura tradicional de la teología cristiana, a los progresos de la visión recientemente alcanzada sobre la posición del hombre en la creación y en la historia»[4].

¿Cómo justificar la persistencia de esta laguna en la historia de la Teología a lo largo de tantos siglos? En términos generales, podría decirse que el trabajo profesional ha seguido, en la Teología, la misma suerte que la vocación y la misión de los laicos[5], a menudo olvidada o al menos marginada. En esta parte recorreré de modo sintético la historia del significado del trabajo para la vida cristiana hasta el surgimiento de la expresión *santificación del trabajo* en el siglo xx.

1. VISIONES DEL TRABAJO

a) La concepción bíblica del A. T. y la grecorromana

En los tiempos que preceden de poco a la venida de Jesucristo, las principales visiones del trabajo en el mundo mediterráneo se pueden reducir a dos: la del pueblo de Israel, basada en la Biblia, y la que se inspira en la cultura greco-romana, especialmente en la tradición aristotélica. La primera valora positivamente el trabajo. Se trata de una concepción iluminada por las palabras del primer libro de la Sagrada Escritura que presenta la creación como trabajo de Dios (cfr. *Gn* 2, 2), y el trabajo del hombre como una cooperación con Dios, una cierta prolongación de su obra creadora, pues «el Señor Dios tomó al hombre y lo puso en el jardín de Edén, para que lo cultivara y custodiara» (*Gn* 2, 15)[6]. Pese a que después del primer pecado el trabajo comportó pena y fatiga (cfr. *Gn* 3, 17-19), no por eso perdió su dignidad. Se comprende que los demás libros del Antiguo Testamento muestren estima por las actividades laborales y desaprueben el ocio[7].

En la visión greco-romana, en cambio, el trabajo físico productivo (ποίησις, *poiesis*) era menester de esclavos, simples instrumentos de producción. Al hombre libre, el único que gozaba de derechos de ciudadano en aquella cultura, le competían las actividades intelectuales prácticas que lo perfeccionan (πρᾶξις, praxis), tales como el gobierno de la ciudad y, por encima de todas, la contemplación de la verdad (θεωρία, *theoría*), tarea propia del filósofo[8].

La Encarnación del Hijo de Dios es el gran acontecimiento que ilumina definitivamente la visión del trabajo. Jesucristo, Dios hecho hombre, dedica la mayor parte de su vida terrena a trabajar, y su trabajo es una actividad productiva: era conocido como «el artesano» (*Mc* 6, 3). En esa actividad mantenía el «conocimiento íntimo e inmediato que el Hijo de Dios hecho hombre tiene de su Padre»[9]. Con otras palabras, unía trabajo y contemplación.

b) La visión cristiana del trabajo de los laicos

El pensamiento cristiano está redescubriendo en nuestro tiempo la luz potente del trabajo de Cristo para proyectarla sobre la realidad actual. Una luz que lleva a plenitud la visión del trabajo en el Antiguo Testamento. Allí es Dios quien trabaja en la Creación, y el hombre está llamado a prolongar la acción divina, como ya hemos mencionado. En el Nuevo Testamento es el mismo Hijo de Dios hecho hombre quien trabaja, prolongando la obra de la Creación realizada «por medio de Él y para Él» (*Col* 1, 16). Se pone así de manifiesto la grandeza del trabajo en los planes de Dios: trabajar es algo divino, una actividad conforme a la dignidad del Hijo de Dios[10].

Las consecuencias para el trabajo del hombre son grandiosas. No basta decir que el hombre continúa la obra creadora de Dios, ya que es el mismo Hijo quien obra y trabaja por medio de cuantos han sido hechos hijos adoptivos (cfr. *Rm* 8, 15-16). Estos, en efecto, no son *otros hijos junto al Hijo*, sino hijos que participan de su misma Filiación divina: son «hijos en el Hijo»[11]. De ahí que el trabajo del cristiano pueda hacerse *trabajo de Dios*, labor que mejora el mundo y permite a quien lo realiza crecer como hijo de Dios, de modo semejante a como Jesús creció en Nazaret «en sabiduría, en edad y en gracia delante de Dios y de los hombres» (*Lc* 2, 52).

El trabajo se transforma así en camino de santificación para uno mismo y para los demás. Ya no solo es posible santificar el mismo trabajo y santificarse en el trabajo, sino también cooperar en la santificación de otros mediante el trabajo. El Espíritu Santo, haciéndonos hijos de Dios en el Bautismo, nos ha constituido en Cuerpo de Cristo —en Iglesia— de modo que los otros pertenecen a cada cristiano como los miembros de un mismo Cuerpo se pertenecen entre sí. Son parte de su heredad, ya que «si somos hijos, somos también herederos; herederos de Dios, coherederos de Cristo» (*Rm* 8, 17; cfr. *Sal* 2, 8)[12].

El Hijo de Dios asumió el trabajo humano con las consecuencias del pecado, sobre todo la fatiga, obedeciendo a la Voluntad del Padre para reparar la desobediencia del pecado y unir a los hombres con Dios, como mediador perfecto y sumo sacerdote (cfr. *1 Tm* 2, 5; *Hb* 4, 14). Si en la Cruz manifestó su obediencia con el derramamiento de su sangre, en Nazaret expresó la misma obediencia al derramar el sudor del trabajo cotidiano para cumplir la Voluntad del Padre con el deseo de dar su vida en el Sacrificio del Calvario. Obedeció cumpliendo plenamente el deber de cada momento. Su trabajo de artesano no fue una simple preparación para la Redención que después realizaría en el Calvario, sino que formaba parte de la misma obra redentora. «Así vivió Jesús durante seis lustros: era *fabri filius* (*Mt* 13, 55), el hijo del carpintero [...]. Y era Dios, y estaba realizando la redención del género humano, y estaba *atrayendo a sí todas las cosas* (*Jn* 12, 32)»[13].

De manera semejante cabe afirmar que el cristiano, hecho partícipe del sacerdocio de Cristo en el Bautismo y llamado a corredimir con Él (cfr. *1 P* 2, 5.9; *Col* 1, 24), coopera en la obra de la Redención cuando ejercita el sacerdocio común en su trabajo, cumpliendo la Voluntad del Padre en unión con el Sacrificio del Calvario, que se actualiza sacramentalmente en la Santa Misa. El cristiano, como Cristo, puede transformar su trabajo profesional y toda su jornada en una oración que es *una misa*.

Los primeros cristianos encontraban en el Nuevo Testamento todos los elementos fundamentales para descubrir el valor del trabajo. San Pablo los exhortaba a trabajar (cfr. *2 Ts* 3, 6-12)[14] y él mismo ejercía la profesión de fabricante de tiendas (cfr. *Hch* 18, 3). Se sabían hijos adoptivos de Dios (cfr. *Rm* 8, 15; *Ga* 4, 6; *Ef* 1, 3-23; *1 Jn* 3, 1-2), coherederos de Cristo (cfr. *Rm* 8, 17) y partícipes de su sacerdocio (cfr. *1 P* 2, 5.9; *Hb* 3, 14). Todo lo cual —la filiación divina, el sacerdocio real y la herencia de los hijos de Dios— podía realizarse y desarrollarse en el trabajo de cada día. Ciertamente no dejaban de trabajar cuando se incorporaban a la Iglesia. Es más, seguían ejerciendo la misma profesión que tenían antes de la conversión, como escribe Tertuliano a finales del siglo II dirigiéndose a sus conciudadanos (vuelvo a citar sus palabras, ya incluidas en la parte primera): «No dejamos de convivir con vosotros en este mundo. Con vosotros navegamos, prestamos servicio en el ejército, cultivamos la tierra y comerciamos con sus frutos. Y vendemos al pueblo los productos de nuestro trabajo y de nuestras fatigas»[15]. No llevan un género de vida apartado de los demás, sino que «muestran una conducta admirable y, a juicio de todos, sorprendente»[16]. Son del mundo, sin ser mundanos (cfr. *Jn* 17, 15), «ciudadanos dignos del Evangelio» (*Flp* 1, 27). Como cristianos, trabajan. Y a través del trabajo difunden la fe entre sus colegas y sus conciudadanos, con tanto empeño que alguno les acusaba de utilizar los oficios que ejercían —zapateros, maestros, lavanderos...— para sembrar la semilla evangélica en las casas y en la entera sociedad[17].

Y así siguieron hasta finales del siglo IV[18], tal como puede leerse, por ejemplo, en las homilías de san Juan Crisóstomo, que exhorta a los laicos a la santidad en la vida cotidiana[19]. En toda esa época se mantiene vivísima entre los fieles la conciencia de haber sido santificados en el Bautismo y, justamente por eso, de estar llamados a la santidad que no es, ni más ni menos, que el desarrollo de lo que han recibido en las aguas bautismales (cfr. *1 Co* 1, 2).

c) Decadencia del sentido cristiano del trabajo

Sin embargo, a partir del siglo IV, cuando comienzan a ser numerosos los cristianos que se apartan del mundo para seguir a Cristo en la vida eremítica y monástica, se habla menos de los dones bautismales comunes a todos los cristianos, y pierde vigor su desarrollo en el trabajo y en las demás actividades temporales. El interés se pone, cada vez más, en la decisión de seguir radicalmente a Jesús en un singular estado de vida, al que se accede por un acto de consagración diversa de la propia del Bautismo que conlleva, junto a determinadas prácticas de oración y de penitencia, unos modos específicos de ejercitar las virtudes. Desde el siglo v, cuando se habla de trabajo, se alude, sobre todo, al trabajo de los monjes, tal como cabe apreciar en la obra de san Agustín dedicada al tema[20]. El lema benedictino *ora et labora* resume la jornada del monje, que transcurre repartida entre el Oficio Divino y el trabajo generalmente manual. Se valora este último como medio de sustentamiento y para evitar el ocio, pero no se reflexiona sobre el valor del trabajo secular del laico en la sociedad civil. Nada se dice sobre la posibilidad de transformar en oración el mismo trabajo civil y secular. Se habla, en cambio, de rezar y de trabajar, o de rezar mientras se trabaja.

Tras la época patrística, la teología cultivada en los monasterios prosigue en la misma línea. Tampoco la teología escolástica que, desde el siglo xii, se desarrolla primero en las escuelas catedralicias y después en las universidades, se ocupa del trabajo civil y secular.

No obstante, hay que registrar profundizaciones importantes sobre todo por parte de santo Tomás de Aquino, en cuestiones como la filiación divina adoptiva y el sacerdocio común, que serán fundamentales cuando en el futuro se afronte el tema de la santificación del trabajo (lo veremos en la última parte de este libro). Pero una reflexión teológica explícita sobre el sentido del trabajo en la vida de los comunes fieles cristianos brilla por su ausencia en ese largo período[21]. Si queremos buscar en la Edad Media testimonios de la visión positiva del trabajo humano, no los encontraremos en las doctrinas de los teólogos, sino en las manifestaciones del arte cristiano que aún hoy podemos admirar en los magníficos pórticos de las catedrales, donde se hallan representadas las diferentes profesiones presentes en la sociedad, y en otras expresiones artísticas. Obras, muchas veces anónimas, que reflejan de algún modo el sentir popular relativo a la dignidad del trabajo e, implícitamente, el *sensus fidelium* sobre su relación con el culto[22].

En los albores de la Edad Moderna, encontramos una nueva consideración de los esfuerzos laborales en las doctrinas de los Reformadores protestantes, por la evidencia de su valor en la Escritura, que es para ellos la fuente única de la Revelación divina. Pero tanto Lutero como Calvino rechazan la doctrina de que las obras del cristiano puedan tener valor meritorio de santificación y de redención. En su visión teológica no tendría sentido hablar de *santificación del trabajo* o de cualquier otra acción humana. Para Calvino, trabajar mucho y bien es, si Dios lo premia con fruto, un *signo* de predestinación, nada más que un signo, no una realidad santificadora.

2. Auge del trabajo en el Magisterio de la Iglesia contemporánea

Con la llegada de la primera Revolución industrial, en la segunda mitad del siglo XVIII, se asiste a una profunda transformación del trabajo productivo. En las actividades agrícolas, textiles, etc., se pasa de unas técnicas por lo general primitivas al uso racional de fuentes de energía para la producción mediante máquinas. Crece la riqueza y el bienestar de una parte de la sociedad, al tiempo que se generan nuevas tensiones entre quien posee el capital y los medios de producción, por una parte, y los trabajadores de las fábricas o en los campos, por otra. Estos se sienten con frecuencia alienados, como dirá Marx, en su dignidad y en los frutos de sus fatigas. Los conflictos sociales caracterizan profundamente la actitud ante el trabajo.

En tal clima, el Magisterio de la Iglesia comienza a referirse al trabajo en la encíclica *Rerum novarum* (1891), de León XIII (†1903), que sienta las bases de la moderna Doctrina Social de la Iglesia. No se habla todavía, ni en este ni en los documentos sucesivos, del trabajo como medio de santificación personal y de cumplimiento de la misión apostólica, sino de la justicia en las relaciones laborales, de los derechos de los obreros, del salario, de la propiedad privada, de las relaciones trabajo-capital…, para defender a la persona humana y su libertad frente a las ideologías de los socialismos y los liberalismos extremos. Todos estos temas postulan, sin embargo, una consideración del trabajo en sí mismo, como actividad humana que tiene por objeto el perfeccionamiento de la creación y el servicio a la familia y a la sociedad; el trabajo como actividad en la que el hombre puede cultivar las virtudes y unirse a Dios, ayudar a los demás a encontrarlo y mejorar el mundo. Pero será preciso esperar algunas décadas más para asistir a un progreso doctrinal y práctico en ese sentido[23].

En el Magisterio pontificio, la expresión *santificación del trabajo*, referida al trabajo profesional de los laicos, aparece por vez primera en un discurso que Pío XI dirigió, el 31 de enero de 1927, a un grupo de jóvenes trabajadores de Acción Católica. El texto del que disponemos no contiene las palabras textuales del Papa, sino solamente una exposición en forma de artículo, publicado en *L'Osservatore Romano* del 3 de febrero de 1927. He aquí algunas frases: «El secreto para gozar continuamente del encuentro con Cristo [...] es santificar el trabajo cotidiano [...]. *Qui laborat, orat* (quien trabaja, reza), lo que significa hacer del trabajo una oración [...]. Se necesita muy poco para santificarse cuando se trabaja: basta la buena intención de dirigir el trabajo a Dios y de permanecer unidos a Dios, basta que el alma evite todo aquello que ofende al corazón y la mirada de Dios cuando ofende la virtud [...]. Basta pensar en lo que hizo Nuestro Señor Jesucristo [...]. A la predicación, al sufrimiento, a la Pasión dedicó poco tiempo, pocos años; los tres últimos años, los últimos días de su vida. El resto lo pasó trabajando, dando ejemplo para que todos pudieran imitarle, haciendo las mismas cosas que los trabajadores, los obreros, hacen todos los días. La vida de Jesús fue semejante a la suya. Y si es así, ¿por qué no nos atrevemos a decir que la vida de trabajo es vida divina, cuando a esta está bien orientada?».

Sorprende el contraste entre la importancia de la doctrina contenida en estas palabras y su escasa relevancia en el conjunto del magisterio del Pontífice. No están entresacadas de una encíclica o de otro documento de primera línea. El texto original, como decía, ni siquiera se publicó literalmente. No son afirmaciones que el propio Pontífice quisiera subrayar, ni con posterioridad insistió en ellas, pese a la potencialidad que encierran.

El contraste se explica, en mi opinión, porque en el magisterio de Pío XI la *santificación del trabajo* tiene un significado todavía inicial: el mismo que, probablemente, captaban en esos años los miembros de Acción Católica a los que se dirigía el Papa. Para estos últimos, el concepto no era nuevo. Desde 1925, en el seno de la J.O.C. —la *Jeunesse Ouvrière Chrétienne*, fundada por Joseph Cardijn e integrada en la Acción Católica—, se hablaba de *santificar el trabajo*, transformándolo en oración[24]. Es razonable pensar que Pío XI, en el discurso de 1927, usara los términos en el mismo sentido que tenía para sus oyentes.

En ese ámbito, la expresión *santificación del trabajo* tenía dos particularidades que limitaban su alcance. Por un lado, se refería únicamente al trabajo manual, de manera que el intelectual quedaba al margen de su radio de aplicación. Lo cual, además de implicar una restricción material del concepto, afectaba también al significado formal. Como el trabajo manual permite con frecuencia rezar mientras se trabaja, la santificación del trabajo podía entenderse como *rezar durante el trabajo*. Para Gérard Philips, buen conocedor del tema, se trataba de «añadir a la vida profana un cierto ornamento religioso, al modo como las almas devotas intercalan jaculatorias durante el trabajo»[25]; pero esto, siendo muy positivo, es insuficiente: «más importante es santificar el trabajo mismo», concluye con acierto el mismo autor[26]. Como veremos más adelante, justamente esto es lo que enseña Josemaría Escrivá, el santo que, ya desde aquellos años, habla de la santificación del trabajo como quicio de la vida espiritual.

Por otro lado, el intento de Cardijn en esa época consistía en promover estructuras y condiciones de trabajo que no obstaculizaran la identidad cristiana de los obreros, neutralizando, mediante acciones de índole sindical, el influjo del marxismo en las fábricas. Podemos anticipar también aquí que, en la enseñanza de san Josemaría, el orden de las ideas es diferente. No se trata de crear un sindicato o de emprender acciones colectivas. Se trata de promover directamente la santificación del trabajo por parte de los cristianos —la santidad y el apostolado en el trabajo y a través de él—, lo que trae consigo la exigencia de configurar, cada cual según sus posibilidades, las estructuras del trabajo y de la sociedad de un modo conforme con la dignidad de la persona.

A esto hay que añadir que las palabras de Pío XI no contaban, en aquella época, con un marco teológico que permitiera unir la santificación del trabajo profesional con el Bautismo y la Eucaristía, y proponerla a los laicos con toda su fuerza. En el magisterio de Pío XI, al igual que en los pontífices precedentes e incluso en santos como san Francisco de Sales y en los autores espirituales que hasta entonces habían exhortado a los laicos a la santidad, los dones bautismales a los que antes nos hemos referido —la filiación divina sobrenatural, el sacerdocio común y la herencia de los hijos de Dios— no ocupaban un puesto de relieve. Y si no se otorga el peso adecuado a estos dones y a sus mutuas relaciones, es imposible hablar, con solidez teológica, de santificación del trabajo. Pues tal santificación, en cuanto respuesta del cristiano a la acción santificadora del Espíritu Santo, es obra de un hijo adoptivo de Dios llamado a conquistar su heredad mediante el ejercicio del sacerdocio real.

3. EL TRABAJO EN SAN JOSEMARÍA

El primer autor en el que hallamos una doctrina sobre la santificación del trabajo dotada de todos los elementos teológicos bautismales, y que ocupa un puesto central en sus enseñanzas, es san Josemaría Escrivá de Balaguer (1902-1975), fundador del Opus Dei. Leamos un texto entre muchos:

> «El Señor suscitó el Opus Dei en 1928 para ayudar a recordar a los cristianos que, como cuenta el libro del Génesis, Dios creó al hombre para trabajar. Hemos venido a llamar de nuevo la atención sobre el ejemplo de Jesús que, durante treinta años, permaneció en Nazaret trabajando, desempeñando un oficio. En manos de Jesús, el trabajo, y un trabajo profesional similar al que desarrollan millones de hombres en el mundo, se convierte en tarea divina, en labor redentora, en camino de salvación. El espíritu del Opus Dei recoge la realidad hermosísima —olvidada durante siglos por muchos cristianos— de que cualquier trabajo, digno y noble en lo humano, puede convertirse en un quehacer divino»[27].

En los apuntes manuscritos de san Josemaría que se conservan, la relación entre trabajo y santidad aparece por vez primera en marzo de 1933, cuando anota: «El trabajo santifica»[28]. Lo cual no significa que antes no lo haya escrito, pues sabemos que destruyó un cuaderno de sus apuntes precedentes[29], donde bien podrían encontrarse expresiones de ese mismo tenor. En distintas ocasiones afirmó, en efecto, que «desde 1928, mi predicación ha sido que [...] el quicio de la espiritualidad específica del Opus Dei es la santificación del trabajo ordinario»[30].

En las obras de san Josemaría hasta ahora publicadas[31], hallamos la expresión ya en *Camino*, editado en 1939: «Pon un motivo sobrenatural a tu ordinaria labor profesional, y habrás santificado el trabajo»[32]. Del conjunto de la enseñanza de san Josemaría sobre este tema crucial me limito a llamar la atención sobre tres afirmaciones[33]:

«Para la gran mayoría de los hombres, ser santo supone santificar el propio trabajo santificarse en su trabajo, y santificar a los demás con el trabajo»[34].

«El hombre no debe limitarse a hacer cosas, a construir objetos. El trabajo nace del amor, manifiesta el amor, se ordena al amor»[35].

«No me canso de repetir que hemos de ser almas contemplativas en medio del mundo, que procuran convertir su trabajo en oración»[36].

Para comprender este último texto, es fundamental recordar que «hay *un algo* santo, divino, escondido en las situaciones más comunes, que toca a cada uno de vosotros descubrir»[37]. Ese *algo santo* es el tema de la oración en la que puede transformarse el trabajo. Oración que, para san Josemaría, es una prolongación de la Santa Misa, «centro y raíz de la vida cristiana»[38]. Así se realiza el ideal de «poner a Cristo en la cumbre de todas las actividades de los hombres»[39], «en lo alto y en la entraña de todas las cosas»[40].

En la enseñanza de san Josemaría, la santificación del trabajo es el eje de la santificación en medio del mundo.

Deriva de ahí que no se pueda aislar de los dones recibidos en el Bautismo para este fin. Es más, la riqueza teológica de su doctrina se explica porque vincula explícitamente la santificación del trabajo a los dones bautismales. Ante todo, a la filiación divina adoptiva, que le lleva a apreciar el trabajo como «trabajo de un hijo de Dios» y a afirmar que cualquier menester «puede convertirse en un trabajo divino»[41]. En segundo lugar, al sacerdocio común, que permite al cristiano cooperar con la mediación sacerdotal de Cristo, mediante el ofrecimiento a Dios del propio trabajo profesional realizado del mejor modo posible, con empeño, en obediencia a la Voluntad divina. En tercer lugar, san Josemaría une el trabajo a la herencia de los hijos de Dios, porque, por medio del trabajo, el cristiano puede colaborar en la santificación de las personas y en la configuración de la sociedad y del mundo según el querer de Dios, y comienza así a tomar posesión de la herencia que recibirá plenamente en la gloria: «este mundo es nuestro: es obra de Dios y nos lo ha dado por heredad»[42].

San Josemaría fue un precursor del Concilio Vaticano II en lo que respecta a la llamada universal a la santidad, «el elemento más característico de todo el magisterio conciliar y, por así decir, su fin último»[43]. Sus enseñanzas constituyen también una luz —un *lugar teológico*— para el desarrollo de la doctrina conciliar, donde la conexión entre el trabajo y los dones bautismales se encuentra aún solo en germen[44].

Tal conexión puede percibirse en la encíclica *Laborem exercens* de san Juan Pablo II, fechada el 14 de noviembre de 1981. Aunque no cite a san Josemaría, se advierte una sintonía con su enseñanza, especialmente en el último capítulo —«Elementos para una espiritualidad del trabajo»—, donde el pontífice trata del trabajo como participación en la obra creadora de Dios (cfr. n. 25), del ejemplo del trabajo de Cristo en Nazaret (cfr. n. 26) y del sentido del trabajo humano a la luz de la Cruz y la Resurrección de Cristo (cfr. n. 27).

Pocos años después de publicarse la encíclica, la doctrina de la santificación del trabajo entró a formar parte del *Catecismo de la Iglesia Católica*, que data de 1992, con esta precisa afirmación: «El trabajo puede ser un medio de santificación y de animación de las realidades terrenas en el espíritu de Cristo»[45]. La doctrina es ya patrimonio de la catequesis cristiana. El papa Francisco da testimonio de ello cuando escribe que, en Nazaret, el hijo de Dios hecho hombre «santificó el trabajo y le otorgó un peculiar valor para nuestra maduración»[46].

La teología actual se ve invitada a progresar en esta dirección, no para elaborar teorías abstractas, sino para ofrecer a los fieles un cuerpo de doctrina que pueda ayudarles a santificar el trabajo profesional y a iluminar con la luz del Evangelio la sociedad humana del tercer milenio. También es cierto, con todo, que será la vida de los fieles comprometidos en la santificación del trabajo la que dé impulso a la reflexión teológica. Primero es la vida, después, la doctrina. San Josemaría, consciente de la fuerza renovadora del mensaje que Dios le había confiado para servir a la Iglesia, buscó ante todo encarnarlo e invitó a los fieles a hacer lo mismo: «Unir el trabajo profesional con la lucha ascética y con la contemplación —cosa que puede parecer imposible, pero que es necesaria, para contribuir a reconciliar al mundo con Dios—, y convertir ese trabajo ordinario en instrumento de santificación personal y de apostolado. ¿No es este un ideal noble y grande, por el que vale la pena dar la vida?»[47].

Esta llamada ha encontrado respuesta positiva en la vida de miles de cristianos. El mejor ejemplo, junto con el del Beato Álvaro del Portillo (1914-1994), beatificado en 2014, es la Beata Guadalupe Ortiz de Landázuri (1916-1975), profesora de química, beatificada el 18 de mayo de 2019. Otros fieles del Opus Dei siguen sus pasos, como el ingeniero Isidoro Zorzano (1902-1943), la estudiante Montserrat Grases (1941-1959) y el médico Ernesto Cofiño (1899-1991), de quienes ya han sido publicados los respectivos Decretos sobre el ejercicio heroico de las virtudes cristianas; o el ingeniero suizo Toni Zweifel (1938-1989); o los esposos Tomás y Paquita Alvira, fallecidos con fama de santidad en 1992 y en 1994, después de más de cincuenta años de matrimonio, con nueve hijos, que han dejado un ejemplo excepcional de santidad en la vida familiar y profesional. Todos ellos han luchado para encarnar el modelo de la vida de trabajo y de familia de Jesús, con María y José en Nazaret, y han testimoniado que la enseñanza de san Josemaría es un camino de santidad que el Espíritu Santo ha abierto en la Iglesia en nuestro tiempo.

Notas

[1] La Parte II de este libro está basada en un texto que escribí con ocasión del congreso *The heart of work* celebrado en 2017 en la Pontificia Universidad de la Santa Cruz.

[2] La voz *Travail* se introduce más tarde en una nueva edición del *Dictionnaire*, ya en 1971, y allí se reconoce que «la ausencia de este artículo

en el DTC es el síntoma de una carencia teológica» (*Dictionnaire de Théologie Catholique*, 17 [1971] 4216).

[3] Cfr. M.-D. CHENU, *Arbeit*, en Heinrich FRIES (ed.), *Handbuch theologischer Grundbegriffe*, München 1963, pp. 75-86.

[4] *Ibid.*, p. 75.

[5] Remito a E. BURKHART – J. LÓPEZ DÍAZ, *Vida cotidiana y santidad en la enseñanza de san Josemaría*, vol. I, Madrid 2011, pp. 34-105.

[6] «El hombre, creado a imagen de Dios, mediante su trabajo participa en la obra del Creador, y según la medida de sus propias posibilidades, en cierto sentido, continúa desarrollándola y la completa» (SAN JUAN PABLO II, Enc. *Laborem exercens*, 14-IX-1921, n. 25).

[7] Cfr. F. BIANCHI, *Lavoro, progresso, ricerca nella Bibbia*, Roma 2003.

[8] Cfr. M.P. CHIRINOS, *Claves para una antropología del trabajo*, Pamplona 2006.

[9] *Catecismo de la Iglesia Católica*, n. 473.

[10] No solo lo muestra con el ejemplo, trabajando en Nazaret, sino también con su predicación en la vida pública. Cuando afirma: «mi Padre sigue obrando todavía y yo también obro» (*Jn* 5, 17), enseña que el Hijo hecho hombre continúa la obra del Padre también con su trabajo (cfr. el comentario de Benedicto XVI en su célebre discurso del 12-IX-2008 en el *Collège des Bernardins* de París).

[11] Concilio Vaticano II, Const. past. *Gaudium et spes*, n. 22.

[12] Las ideas de este epígrafe pueden verse expuestas de modo sistemático en E. BURKHART – J. LÓPEZ DÍAZ, *Vida cotidiana y santidad en la enseñanza de san Josemaría*, vol. III, Madrid 2011, cap. VII, 2.

[13] *Es Cristo que pasa*, n. 14.

[14] «No hemos permanecido ociosos en medio de vosotros, ni hemos comido gratuitamente el pan de nadie, sino que hemos trabajado duramente, noche y día, para no ser gravosos a ninguno de vosotros (…). Y mientras estuvimos entre vosotros, siempre os dimos esta regla: el que no quiera trabajar, tampoco coma. Hemos oído que algunos de vosotros viven una vida desordenada, sin hacer nada y siempre curioseando. A esos tales, exhortándoles en el Señor Jesucristo, les ordenamos ganarse el pan trabajando sosegadamente» (*2 Ts* 3, 6-12).

[15] TERTULIANO, *Apologeticum*, c. 42, 1-3.

[16] *Carta a Diogneto*, c. 5.

[17] Cfr. ORÍGENES, *Contra Celsum*, 3, 55.

[18] Cfr. AA.VV., *Spiritualità del lavoro nella catechesi dei Padri del III-IV secolo*, Roma 1986, 284 pp.

[19] Cfr. Marcel VILLER – Karl RAHNER, *Ascetica e mistica nella Patristica*, Brescia 1991 (orig. alemán, 1939), p. 267 (cap. 11: *La santità nel mondo*).

[20] «Si quisiera ajustarme a lo que sería más cómodo para mí personalmente, preferiría con mucho dedicarme cada día a horas determinadas —como se halla prescrito en ciertos monasterios donde está vigente la disciplina— a un poco de trabajo manual y luego tener libres las otras horas para leer, rezar o en todo caso ocuparme de las Sagradas Escrituras, antes que lanzarme en medio de la barahúnda» (San AGUSTÍN, *El trabajo de los monjes*, 29.37).

[21] Cfr., por ejemplo, las breves consideraciones de *S. Th.* II-II, q. 187, a. 3.

[22] Cfr. M. AJROLDI, *La spiritualità del lavoro nelle rappresentazioni medievali*, en Maria Aparecida FERRARI (ed.), *Prospettive sul lavoro. Atti del Convegno «The Heart of Work»*, vol. II, Roma 2018.

[23] Una primera aproximación es la de A. TANQUEREY en su famoso *Précis de théologie ascétique et mystique* (Paris, 1923), donde incluye un breve párrafo sobre *Santificación de las relaciones profesionales* (cfr. Parte I, cap. V, art. II, § IV). No se trata de la santificación del trabajo mismo, sino de las relaciones que comporta. Pero eso ya supone un paso adelante. En otros autores del primer cuarto del siglo XX, el interés por el trabajo en lo referente a la vida cristiana no va más allá de la observancia de la moral profesional.

[24] «Ils [les jeunes salariés] doivent pouvoir s'y sanctifier [dans leur usine, leur bureau, etc.], y sanctifier leur travail, leur vie. Ils doivent pouvoir collaborer à la transformation chrétienne du monde du travail, du milieu ouvrier, à la rechristianisation de leurs frères et de leurs sœurs de travail» (Joseph CARDIJN, *Manuel de la J.O.C.*, Bruxelles 1930, p. 19; cito de la 2ª edición belga de este Manuel, publicada en 1930, que sigue a la 1ª edición de 1925; Cardijn no figura como autor, sino como inspirador del texto). Más adelante se lee: «Ils [los trabajadores] doivent voir que le travail peut être la forme la plus expressive des prières, qu'il peut être le plus fécond des sacrifices s'il est uni au sacrifice journalier du Sauveur» (*Ibid.*, pp. 68-69).

[25] G. PHILIPS, *I laici nella Chiesa*, Milán 1964 (orig. francés 1954), p. 187.

[26] *Ibidem.*

[27] *Conversaciones,* n. 55. Cfr. José Luis ILLANES, *Trabajo (santificación del),* en AA.VV., *Diccionario de San Josemaría Escrivá de Balaguer,* Instituto Histórico San Josemaría - Monte Carmelo, Burgos 2013, pp. 1202-1210.

[28] *Apuntes íntimos,* n. 971, de fecha 28-III-1933; texto citado en Pedro RODRÍGUEZ, *Camino. Edición crítico-histórica,* Instituto Histórico San Josemaría, Rialp, Madrid 2004, p. 368 (comentario al punto 175 de *Camino*).

[29] Cfr. Pedro RODRÍGUEZ, *Camino. Edición crítico-histórica,* cit., p. 22; Andrés VÁZQUEZ DE PRADA, *El Fundador del Opus Dei,* vol. I, Rialp, Madrid 1997, p. 339.

[30] *Conversaciones,* n. 34. Cfr. *Ibid.,* nn. 26 y 55; *Es Cristo que pasa,* cit., n. 20; *Amigos de Dios,* nn. 81 y 210: en estos lugares alude explícitamente al hecho de que su predicación sobre el sentido cristiano del trabajo se remonta a 1928.

[31] En la actualidad, el *Instituto Histórico San Josemaría Escrivá* trabaja en la publicación de las obras completas.

[32] *Camino,* n. 359.

[33] Una exposición sistemática de la enseñanza de san Josemaría sobre la santificación del trabajo puede verse en: E. BURKHART – J. LÓPEZ DÍAZ, *Vida cotidiana y santidad en la enseñanza de san Josemaría,* cit., cap. VII.

[34] *Conversaciones,* cit., n. 55.

[35] ID., *Es Cristo que pasa,* cit., n. 48.

[36] ID., *Surco,* n. 497.

[37] ID., *Conversaciones,* cit., n. 114.

[38] ID., *Es Cristo que pasa,* cit., n. 102.

[39] ID., *Forja,* n. 685.

[40] *Ibid.,* n. 678.

[41] ID., *Conversaciones,* cit., n. 55.

[42] ID., *Carta 12,* n. 46, citado en E. BURKHART – J. LÓPEZ DÍAZ, *Vida cotidiana y santidad en la enseñanza de san Josemaría,* vol. II, Madrid 2013, p. 58.

[43] SAN PABLO VI, Motu proprio *Sanctitas clarior,* 19-III-1969: AAS 61 (1969), 149. Cfr. Javier ECHEVARRÍA, *Cinquant'anni dopo il Concilio Vaticano II: il contributo di san Josemaría,* en Javier LÓPEZ DÍAZ (ed.), *San Josemaría e il pensiero teologico,* Roma 2014, pp. 33-61.

[44] He abordado este tema en *Chiamata universale alla santità nella Chiesa e Teologia Spirituale nella Costituzione Lumen gentium*, en «Mysterion» 7 (2014/2), 199-222, donde también se pone de relieve la importancia de la Const. *Gaudium et spes* para la doctrina de la llamada a la santidad en medio del mundo. En especial, por lo que atañe a la visión cristiana del trabajo, es fundamental el c. 3 de la Parte I de esta constitución, promulgada el 7 de diciembre de 1965. Poco antes, *L'Osservatore Romano* del 22/23-XI-1965 había publicado un discurso de san Josemaría, pronunciado ante san Pablo VI, en el que volvía a afirmar que la formación de los miembros del Opus Dei «gira siempre en torno a la santificación del trabajo profesional de cada uno» y que «el trabajo santificado y santificante es parte esencial de la vocación del cristiano consciente».

[45] CCE, n. 2427. El *Catecismo* remite a la Const. past. *Gaudium et spes*, n. 34. Más en general, la afirmación se apoya en todo el capítulo III de la primera parte de esta Constitución.

[46] Papa FRANCISCO, Enc. *Laudato si'*, n. 98.

[47] San Josemaría ESCRIVÁ DE BALAGUER, *Instrucción*, 19-III-1934, n. 33, citado en Ernst BURKHART – Javier LÓPEZ DÍAZ, *Vida cotidiana y santidad en la enseñanza de san Josemaría*, vol. III, Madrid 2013, p. 643.

Pila bautismal de la catedral de Barbastro, donde fue bautizado san Josemaría el 13 de enero de 1902. Fue parcialmente destruida durante la guerra civil española (1936-39). Ahora, donada por el Obispo y una vez reparada, se encuentra en Roma en la sede central del Opus Dei.

III.
ESPIRITUALIDAD LAICAL
EN TRES PALABRAS

Ante el centenario de la fundación
del Opus Dei

DIGÁMOSLO ENSEGUIDA: el título "Una espiritualidad laical en tres palabras" no equivale a "en pocas palabras", como cuando se dice "te voy a explicar esto en pocas palabras". El título se refiere a tres palabras concretas, que son: *filiación, herencia y sacerdocio*. De modo más completo: filiación divina adoptiva, herencia de toda la creación, sacerdocio común. En torno a estos términos se puede resumir, a mi parecer, el núcleo de la contribución de san Josemaría a la Teología y a la vida de la Iglesia que hace de él un maestro de espiritualidad laical[1].

Esto no significa que sus enseñanzas "superen" a las de otros santos. No es así como la Iglesia percibe la acción del Espíritu Santo que comunica diversos carismas en la historia. Se trata más bien de un concierto al que contribuyen distintos instrumentos que se van incorporando a la orquesta, uno tras otro, para aportar cada uno algo propio sin que los nuevos sustituyan a los anteriores ni sean superiores a ellos. San Josemaría contribuye al concierto con las notas propias de una espiritualidad laical y secular que embellece la sinfonía de la Iglesia para la gloria de Dios.

1. Una cuestión previa: los santos y la Teología

San Josemaría no ha elaborado escritos de Teología con un método científico. Sin embargo, está más que justificado preguntarse por su aportación a la Teología, como haremos aquí, al acercarse el centenario de su ordenación sacerdotal el 28 de marzo de 1925, y después, del 2 de octubre de 1928: fecha memorable en la que recibió un carisma de profundo contenido doctrinal y fundó una institución para vivirlo y difundirlo, el Opus Dei.

Un carisma en el que se adentró a lo largo de su vida, enriqueciendo de este modo el conocimiento de Dios y de sus obras, que es el objeto y razón de ser de la Teología. Así lo han hecho muchos otros santos, en particular aquellos que por su predicación y sus escritos son considerados maestros de vida espiritual y, en algunos casos, Doctores de la Iglesia. Todos ellos son teólogos en sentido propio y a ellos debe acudir la Teología científica en busca de luces para ahondar en la Revelación divina.

Joseph Ratzinger lo afirmaba decididamente en un mensaje dirigido precisamente a un simposio teológico sobre las enseñanzas de san Josemaría después de su beatificación: «Resulta necesario que, en cuanto teólogos, escuchemos la palabra de los santos para descubrir su mensaje»[2].

Y explicaba el motivo de esta afirmación con las siguientes palabras: «la Teología, que nace de la fe, es subalterna respecto al saber que Dios tiene de sí mismo, saber del que los santos gozan ya de un modo inmediato y definitivo»[3].

San Juan Pablo II lo aplicaba expresamente a las enseñanzas de san Josemaría: «Como otras grandes figuras de la historia contemporánea de la Iglesia, Josemaría Escrivá de Balaguer puede ser una fuente de inspiración para el pensamiento teológico. De hecho, la investigación teológica (...) progresa y se enriquece inspirándose en la fuente del Evangelio, bajo el impulso de la experiencia de los grandes testigos del cristianismo. El beato Josemaría es, sin duda, uno de ellos»[4].

Se puede hablar por tanto de una aportación de San Josemaría a la Teología, y a esto invitaba el cardenal Ratzinger, preguntándose: «¿Qué acento lleva consigo el mensaje del beato Josemaría Escrivá?, ¿qué impulso recibe a su luz la Teología?»[5].

Unos años más tarde, ya como Papa Benedicto XVI, orientaba la respuesta en la Exhortación apostólica *Verbum Domini*. Después de afirmar que la comprensión más profunda de la Sagrada Escritura proviene de los santos y de señalar que «cada santo es como un rayo de luz que sale de la Palabra de Dios», añadía, junto con otros ejemplos de santos que han captado nuevas luces en la Escritura, importantes para la Teología: «pensemos (...) en san Josemaría Escrivá y su predicación sobre la llamada universal a la santidad»[6].

Esta es sin duda la orientación que hemos de seguir, orientación que se encuentra en perfecta sintonía con lo que San Josemaría afirma desde los inicios de su predicación: «Hemos venido a decir (...) que la santidad no es cosa para privilegiados: que a todos nos llama el Señor (…) cualquiera que sea su estado, su profesión o su oficio. Porque esa vida corriente, ordinaria, puede ser medio de santidad»[7]. Palabras en las que hoy, felizmente, se inspira la Liturgia cuando reza: «Oh Dios, que has suscitado en la Iglesia a san Josemaría, sacerdote, para proclamar la vocación universal a la santidad y al apostolado…»[8].

Trataré de exponer en qué consiste la predicación de san Josemaría sobre la vocación universal a la santidad y al apostolado: cuáles son sus rasgos característicos en la historia de la Iglesia y qué aportan a la Teología. Para hacerse cargo de la importancia del tema basta considerar que, con palabras de san Pablo VI, la llamada universal a la santidad es el «elemento más característico del entero magisterio conciliar, por así decir, su fin último»[9]. La comprensión de esta doctrina es fundamental para la misión de la Iglesia en nuestro tiempo y en el porvenir. Y san Josemaría se cuenta no solo entre los precursores de esta enseñanza sino entre los que ofrecen luces para su desarrollo futuro e impulsan su actuación práctica.

2. LA LLAMADA A LA SANTIDAD COMO DESARROLLO DE LOS DONES DEL BAUTISMO

Que la voluntad de Dios es la santificación de todos los fieles; que todos están llamados a la santidad (cfr. *1 Ts* 4, 3), con una llamada que por su misma naturaleza es también vocación al apostolado[10]; y que Dios quiere que todos los hombres se salven (cfr. *1 Tm* 2, 4), son afirmaciones que se encuentran en la Sagrada Escritura y que han sido proclamadas por la Iglesia indefectiblemente a lo largo de los siglos[11]. Si san Josemaría hubiera recordado solamente esto mismo, no habría captado ninguna nueva luz en la Revelación cristiana.

Pero no se ha limitado a esto. Cuando proclama que «todos estamos igualmente llamados a la santidad»[12], indica también el motivo: «por el hecho, sencillo y sublime del Bautismo»[13]: todos, en efecto, estamos llamados a la santidad porque «todos hemos recibido el mismo Bautismo»[14]. Esta afirmación recorre continuamente sus enseñanzas. Y se comprende que sea así porque él se dirige especialmente a los laicos, como se ve en el punto de Camino donde escribe: «Tienes obligación de santificarte. —Tú también. —¿Quién piensa que ésta es labor exclusiva de sacerdotes y religiosos? A todos, sin excepción, dijo el Señor: *Sed perfectos, como mi Padre Celestial es perfecto*»[15]. Mientras que los sacerdotes (los ministros sagrados) tienen en su sacerdocio un nuevo motivo, además del Bautismo, para ser conscientes de su llamada a la santidad; y mientras que los religiosos, por su parte, lo tienen en el hecho de haberse consagrado a Dios en ese estado de vida, en el caso de los laicos la llamada a la santidad tiene como único fundamento el Bautismo.

Sin embargo, tampoco consiste en esto la aportación de san Josemaría a la Teología pues se trata de una doctrina común en la Iglesia. San Pablo escribe al comienzo de su primera carta a los Corintios: «a los santificados en Cristo Jesús, llamados a ser santos» (*1 Co* 1, 2). O sea, se dirige a los que han sido santificados en el Bautismo y les recuerda que por eso mismo están llamados a ser santos: a desarrollar —por la acción del Espíritu Santo— el germen de santidad que han recibido en las aguas bautis-males. San Josemaría prolonga esta línea. Pero no se limi-ta a recordar lo mismo, sino que penetra en esa doctrina abriendo horizontes nuevos, como vamos a ver.

a) La filiación divina sobrenatural

¿En qué consiste el germen de santidad recibido en el Bautismo?, ¿qué dones obtiene el cristiano? El Catecismo de la Iglesia menciona varios íntimamente conectados en-tre sí. En el Bautismo el cristiano recibe al Espíritu Santo que cancela el pecado original e infunde la vida sobrena-tural de hijos adoptivos de Dios —la gracia santifican-te—, nos incorpora a la familia de los hijos de Dios que es la Iglesia, y nos infunde la caridad y las demás virtudes teologales para que vivamos como hijos de Dios. Todos estos dones se pueden resumir en uno solo: la filiación divina adoptiva. Entre los textos del Nuevo Testamento que hablan de este don (cfr. *Rm* 8, 15; *Ga* 4, 6; *1 Jn* 3, 1-3) citaré uno solo: «Mirad qué amor tan grande nos ha mostrado el Padre: que nos llamemos hijos de Dios, ¡y lo somos!» (*1 Jn* 3,1). En el Bautismo el cristiano nace como hijo adoptivo de Dios (cfr. *Jn* 3, 5-7).

Esta filiación —quizá no haga falta recordarlo, pero lo menciono porque la confusión que reina sobre este punto entre los fieles corrientes me parece un síntoma del défi-cit de atención por parte de la reflexión teológica y de la catequesis—, esta filiación del Bautismo, decía, se distin-gue de la filiación a Dios que tiene toda persona humana por haber sido creada a su imagen y semejanza. La del Bautismo, en cambio, es una filiación sobrenatural, una participación en el Hijo, la segunda Persona de la Santísima Trinidad, por la que somos hechos «hijos en el Hijo»[16]. Es filiación en sentido propio porque los hijos adoptivos de Dios no sólo han sido creados por Él sino también generados por Él, han nacido de Dios (cfr. *Jn* 1, 18), han sido hechos «partícipes de la naturaleza divina» (*2 P* 1, 4). No solamente se llaman hijos de Dios, sino que lo son realmente, aunque todavía no de modo pleno (cfr. *1 Jn* 3, 1-2). Esta filiación sobrenatural es verdadera filiación, pero en sentido analógico respecto al Hijo, porque sólo Él es Hijo Unigénito por naturaleza mientras que el cristiano es hijo por adopción. En cambio, la filiación a Dios que todo hombre tiene sólo por el hecho de ser criatura de Dios, no es filiación en sentido propio sino metafórico, porque ha sido creado, pero no engendrado[17].

b) El sacerdocio común

El grandioso don de la filiación divina adoptiva lleva necesariamente consigo otros dos bienes: el sacerdocio y la herencia. El primero es el "sacerdocio santo" o "sacerdocio real", como lo llama la primera Carta de Pedro: «[habéis recibido] un sacerdocio santo, con el fin de ofrecer sacrificios espirituales, agradables a Dios por medio de Jesucristo, (…) un sacerdocio real» (*1 P* 2, 5.9). Es "real" en el sentido de "regio" por su relación con el Reino de Cristo ya que los bautizados reciben la misión de edificar el Reino de Cristo ofreciendo su Sacrificio y ofreciéndose a sí mismos en unión con Él (volveré luego sobre esto). La Teología y el Magisterio de la Iglesia lo designan desde hace siglos con el nombre de "sacerdocio común" porque es propio de todos los bautizados, o sea común a todos ellos (como es sabido, hay otro sacerdocio, el ministerial, que reciben solo algunos fieles mediante el sacramento del Orden).

En la celebración del Bautismo, al agua derramada (o a la inmersión en el agua) en el nombre del Padre, del Hijo y del Espíritu Santo, sigue la unción con el santo crisma. Significa que quien es adoptado como hijo de Dios unido al Hijo es también consagrado como sacerdote[18]. La razón es clara: el Hijo se ha hecho hombre y es el sumo y eterno sacerdote, único mediador entre Dios y los hombres, que ha ofrecido el sacrificio de su vida para reparar por el pecado y unir a los hombres con Dios (cfr. *Mt* 26, 28; *1 Tm* 2, 5; *Hb* 6, 20 y 4, 14-15). Quien, en el Bautismo, es hecho hijo de Dios en el Hijo, es decir, en Cristo, tiene parte también en su sacerdocio. Y puede así cooperar con Cristo en la misión de unir a los hombres con Dios.

c) La herencia de los hijos de Dios

El segundo bien que lleva consigo la filiación divina adoptiva es la herencia de los hijos de Dios, como afirma san Pablo cuando escribe: «si somos hijos, somos también herederos: herederos de Dios, coherederos de Cristo» (*Rm* 8, 17). Detengámonos en esta "herencia" algo más que en la filiación divina adoptiva y en el sacerdocio común, que quizá nos resultan más familiares. El concepto bíblico de herencia nos interesa tanto como los otros dos porque incluye, como veremos, el concepto de santificación de las realidades creadas.

«Herederos de Dios, coherederos de Cristo», escribe san Pablo. Si queremos saber cuál es la herencia que los hijos de Dios reciben en el Bautismo hemos de preguntarnos cuál es la herencia de Cristo. Leamos, pues, el inicio de la Carta los Hebreos: «En diversos momentos y de muchos modos habló Dios en el pasado a nuestros padres por medio de los profetas. En estos últimos días nos ha hablado por medio de su Hijo, a quien instituyó heredero de todas las cosas y por quien hizo también el universo» (*Hb* 1, 1-2).

La herencia de Cristo es toda la creación, todos los bienes que Dios Padre ha creado por medio de Él y para Él (cfr. *Col* 1,16), principalmente el hombre creado a su imagen y semejanza y elevado a la condición de hijo adoptivo de Dios. Pero, como consecuencia del pecado, la imagen se ha oscurecido y la filiación sobrenatural se ha perdido, aunque permanece el carácter sacramental[19]. Cristo se apropia de su herencia haciéndonos de nuevo hijos de Dios y devolviendo a todas las realidades terrenas su sentido de medios de santificación, gracias a su Encarnación, su vida entera, y su Pasión, Muerte, Resurrección y Ascensión a los Cielos.

Ahora, ¿cuál es la herencia de los hijos de Dios, coherederos de Cristo? Indudablemente son esos mismos bienes que Dios ha preparado para su Hijo y que los hijos adoptivos recibirán plenamente en la gloria. Bienes que superan todo lo imaginable: «Ni ojo vio, ni oído oyó, ni pasó por el corazón del hombre, las cosas que ha preparado Dios para los que le aman» (*1 Co* 2, 9). El mayor de ellos es la visión amorosa de Dios cara a cara, de la que Cristo goza plenamente en su Humanidad. Este bien se da a los hijos de Dios en la Comunión de los santos que contemplan y aman a Dios, no sólo cara a cara sino también en los demás santos. Además, los hijos de Dios contemplan a Dios en todas las realidades creadas que, al final de los tiempos —con la segunda venida de Cristo—, reflejarán sin sombra su gloria: los «nuevos cielos y la nueva tierra en los que habita la justicia» (*2 P* 3, 13). En definitiva, los bienes que constituyen la herencia futura de los hijos de Dios son la visión amorosa de Dios mismo, la visión del reflejo de su gloria en los santos —en primer lugar, en la Santísima Virgen María— y en todas las criaturas.

Pues bien, de esta herencia tenemos los cristianos un anticipo en la vida presente. Así como ya ahora somos hijos de Dios —si poseemos la gracia santificante que es una incoación de la gloria, una participación en la vida divina (cfr. *2 P* 1, 4)—, aunque todavía no lo seamos plenamente (cfr. *1 Jn* 3, 1), también tenemos un inicio de la herencia cuya plenitud se nos dará en la vida futura. No sucede como en la herencia humana de la que el heredero, mientras no haya recibido los bienes, posee solo una promesa no los bienes prometidos. En el caso de la herencia de los hijos de Dios, ya se posee en la vida presente un anticipo de los bienes que se alcanzarán de modo pleno en la vida futura. El envío del Espíritu Santo es «prenda de nuestra herencia» (*Ef* 1, 14), la garantía de que somos herederos que ya han comenzado a heredar, es decir, a poseer la herencia.

¿En qué consiste el anticipo de la herencia? ¿Cuáles son esos bienes? El primero de todos es la contemplación amorosa de Dios mismo, que es una cierta incoación o inicio de la visión beatífica. Contemplación, no «cara a cara» (*1 Jn* 3, 2), como en la gloria, sino «como en un espejo, borrosamente» (*1 Co* 13,12). «Dios es la parte de mi heredad», reza el Salmo (*Sal* 6, 5). Este es el bien inestimable: Dios mismo se entrega a sus hijos en herencia, Dios que nos concede que podamos contemplarle de algún modo en la vida presente. Este don se recibe gratuitamente pero no pasivamente, como consideraremos después.

Hay un segundo elemento de la herencia. Ya he recordado antes que la visión beatífica en la gloria se da en la Comunión de los santos. No es una visión de Dios de la que gozan "unos al lado de otros" sino también "unos a través de otros". Pues lo mismo sucede con la contemplación de los hijos de Dios en este mundo: no se da de espaldas a los demás, sino con ellos y a través de ellos. «Tú eres mi Hijo (…). Yo te daré las gentes en heredad» (*Sal* 2, 8): todas las gentes han sido dadas en heredad a Cristo, y por tanto al cristiano «coheredero de Cristo» (*Rm* 8, 17). Le han sido dadas para que coopere en su santificación —como cooperaron los Apóstoles que recibieron la misión de ir y enseñar a todas las gentes bautizándolas en el nombre del Padre y del Hijo y del Espíritu Santo (cfr. *Mt* 28, 19)—, de modo que se pueda contemplar en los demás un reflejo de la santidad de Dios. En la medida en que el cristiano procura cooperar con Dios en la santificación de los demás —que se incorporen a la comunión de los santos—, alcanza su herencia.

Y hay aún un tercer elemento de la herencia. Lo muestra el Salmo 2 cuando añade a las palabras citadas: «Te daré en posesión hasta los confines de la tierra» (*Sal* 2, 8). Es decir, también las realidades creadas son herencia del cristiano: «todas las cosas son vuestras, vosotros sois de Cristo, y Cristo de Dios» (*1 Co* 3, 22-23). Le han sido dadas para que las santifique procurando ordenarlas a la gloria de Dios, según las palabras de san Pablo: «ya comáis, ya bebáis o hagáis cualquier otra cosa, hacedlo todo para gloria de Dios» (*1 Co* 10, 31). En la medida en que el cristiano, por la acción del Espíritu Santo, santifica las realidades temporales está poseyendo la herencia que le ha sido otorgada y él mismo crece como hijo de Dios, crece en santidad.

Nótese por inciso que en el Salmo 2 las gentes —las personas— han sido dadas al Hijo de Dios y a los hijos adoptivos como "herencia" (κληρονομίαν), mientras que "los términos de la tierra", las demás criaturas, le han sido dadas en "posesión" (κατάσχεσίν). Son dos términos distintos, también en hebreo, y no significan lo mismo. Las personas son herencia, pero no se poseen como las cosas, no pueden ser tratadas sólo como medios[20].

En definitiva, la herencia de los hijos de Dios no es solo una realidad "futura y celestial" sino "actual y terrena". Lo futuro es la visión beatífica y la visión del reflejo de la gloria de Dios en los santos y, de otro modo, en el cosmos transformado al final de los tiempos. Pero ya ahora el cristiano puede caminar «de gloria en gloria» (cfr. *2 Co* 3, 18), puede contemplar a Dios «como en un espejo» (*1 Co* 13, 12) y ver el reflejo de su gloria en las personas y en todas las realidades creadas en la medida en que las santifica, es decir, en la medida en que santifica la vida presente cooperando con la acción del Espíritu Santo.

Volvamos ahora, para completar este apartado, al texto de Romanos 8, 17. Después de afirmar que «si somos hijos, también somos herederos de Dios, coherederos con Cristo», añade una condición: «con tal de que padezcamos con él, para ser con él también glorificados». La herencia de los hijos de Dios es un bien que se recibe, pero no pasivamente, sino que es preciso conquistar. En el Bautismo se adquiere el título de heredero, pero luego hay que obtener la herencia. ¿Cómo?: "con tal de que padezcamos con Él". Jesucristo ha obtenido la herencia ejerciendo su sumo sacerdocio a lo largo de toda su vida, desde Nazaret hasta la muerte en la Cruz, y por eso ha sido glorificado (cfr. *Flp* 2, 9-11). Análogamente el cristiano, hijo de Dios y coheredero de Cristo, conquista la herencia mediante el ejercicio de su sacerdocio ofreciendo su propia vida a Dios —llevando la cruz de cada día (cfr. *Lc* 9,23)— en unión con el sacrificio de Jesucristo (cfr. *1 P* 2, 5; *Rm* 6, 13 y 12, 1), que se hace presente en la santa Misa. Y entonces será glorificado con Cristo y recibirá en la gloria la plenitud de la herencia (cfr. *Ef* 2, 5-6).

3. LOS DONES DEL BAUTISMO EN LA ENSEÑANZA
DE SAN JOSEMARÍA

Los tres dones del Bautismo que acabo de mencionar —en realidad son uno sólo, la filiación divina adoptiva, con los otros dos que originalmente lleva consigo: el sacerdocio común y la herencia de los hijos de Dios— ocupan el primer plano en la enseñanza de san Josemaría, o más exactamente constituyen la base de toda su enseñanza y se encuentran por doquier en su predicación y en sus escritos.

La filiación divina adoptiva en primer lugar. San Josemaría invita a poner como fundamento de la vida espiritual el «sentido de la filiación divina»[21] recibida en el Bautismo; es decir, la conciencia amorosa de ser hijo de Dios en Cristo por haber sido «injertado en Cristo por el Bautismo»[22]. Afirma que «por exigencia de su común vocación cristiana —como *algo que exige el único bautismo que han recibido*— el sacerdote y el seglar deben aspirar, por igual, a la santidad (...). Esa santidad, a la que son llamados, no es mayor en el sacerdote que en el seglar: porque el laico no es un cristiano de segunda categoría. La santidad, tanto en el sacerdote como en el laico, no es otra cosa que la perfección de la vida cristiana, que *la plenitud de la filiación divina*»[23].

La vida cristiana en la enseñanza de san Josemaría es, pues, un proceso de crecimiento en filiación divina —crecimiento como hijos de Dios— que describe como progresiva identificación con Cristo ya que la vida sobrenatural que recibimos en el Bautismo es participación de la plenitud de gracia de Cristo (cfr. *Jn* 1, 16), presencia de la misma vida sobrenatural de Cristo en el cristiano. «Es necesario ir adelante hacia la meta que San Pablo señalaba: *no soy yo el que vivo, sino que Cristo vive en mí* (*Ga* 2, 20). La ambición es alta y nobilísima: la identificación con Cristo, la santidad. Pero no hay otro camino, si se desea ser coherente con la vida divina que, por el Bautismo, Dios ha hecho nacer en nuestras almas»[24].

Junto con la filiación divina, san Josemaría recuerda que «todos nosotros bautizados participamos en el sacerdocio real»[25] y por eso mantiene que un hijo de Dios ha de tener "alma sacerdotal". Enseñanza constantemente presente en su predicación, hasta el punto de haber sido el tema de su última conversación en la tierra, el 26 de junio de 1975, con un grupo de mujeres, pocas horas antes de su tránsito al Cielo: «Vosotras tenéis alma sacerdotal»[26], les decía.

Y, en tercer lugar, con la filiación divina y el sacerdocio común, la herencia de los hijos de Dios. En la enseñanza de san Josemaría es un concepto capital, como los otros dos. Algunas veces utiliza el término herencia, pero con mucha más frecuencia se refiere a su contenido.

El siguiente texto es un ejemplo del uso explícito del término herencia: «Este mundo es nuestro: es obra de Dios y nos lo ha dado por heredad. Recitamos y meditamos todas las semanas el salmo de la realeza de Jesucristo, y dice el Señor: *Filius meus es tu, ego hodie genui te. Postula a me, et dabo tibi gentes hereditatem tuam, et possessionem tuam terminos terrae* (*Sal* 2, 7-8). Nosotros, hijos de Dios, hermanos de Jesucristo, participamos de su heredad, que es el mundo entero: *si autem filii, et heredes: heredes quidem Dei, coheredes autem Christi* (*Rm* 8, 17): porque si somos hijos, somos herederos: herederos de Dios, coherederos con Cristo»[27].

Muchas otras veces, como acabo de decir, se refiere al anticipo de la herencia en la vida presente: la contemplación de Dios en todas las realidades creadas. En efecto, la herencia de los hijos de Dios es ante todo Dios mismo: la contemplación amorosa de Dios; y esta contemplación, en la enseñanza de san Josemaría, tiene lugar en medio del mundo[28], al descubrir que «hay *un algo* santo, divino, escondido en las situaciones más comunes»[29]. La posesión de la herencia consiste en eso: en la santificación de las personas y también —de otro modo— de todas las realidades terrenas, profesionales, familiares y sociales, para que reflejen la gloria de Dios y sea posible contemplar a Dios en ellas.

La santificación del trabajo profesional ocupa un lugar particular en la enseñanza de san Josemaría, dentro del panorama de la posesión de la herencia de los hijos de Dios: es el eje de la santificación del mundo desde dentro porque la sociedad humana no es simplemente un conjunto de personas y de familias, una al lado de otra, sino que se coordinan para formar un cuerpo gracias a las distintas profesiones. Este tema queda solo apuntado; aquí no es posible desarrollarlo más.

Estos tres bienes —la filiación divina, el sacerdocio real y la herencia de los hijos de Dios— están vinculados por su origen en el Bautismo y san Josemaría es bien consciente de ello. El desarrollo de la vida cristiana no es otra cosa, en su enseñanza, que el crecimiento como hijos de Dios mediante el ejercicio del sacerdocio bautismal en la santificación de las realidades terrenas, herencia del cristiano, que constituyen el entramado de la vida cotidiana.

Pero la profunda conjunción de estos dones no procede sólo de su común origen en el Bautismo sino de su fin en el sacrificio de la Eucaristía. San Josemaría lo vio plasmado en unas palabras de Jesús que comprendió en un sentido nuevo mientras celebraba la Santa Misa el 7 de agosto de 1931: «Yo, cuando sea levantado de la tierra, atraeré a todos hacia mí» (*Jn* 12, 32). Estas palabras se encuentran hoy esculpidas en la base de la imagen del Fundador del Opus Dei que el Papa Benedicto XVI bendijo e hizo colocar en los muros de la Basílica de san Pedro en

Roma el 14 de septiembre de 2005, fiesta de la Exaltación de la Santa Cruz[30]. San Josemaría daba fe de que en ese 7 de agosto de 1931, mientras celebraba la Santa Misa —precisamente en la elevación de la Sagrada Forma—, movido interiormente por Dios, comprendió estas palabras en un «sentido nuevo»[31]. Hasta entonces la elevación de Cristo sobre la tierra en el sacrificio de la Cruz se había interpretado frecuentemente como una llamada a separarse de las realidades terrenas —y en este sentido a sacrificarlas— ofreciéndolas al Señor para que Él atrajera a todos hacia sí.

San Josemaría las entendió en un "sentido nuevo", no opuesto sino complementario al anterior. Un sentido que se aplicaba a la multitud de laicos que, por el Bautismo, están llamados a la santidad en medio del mundo: llamados a santificar su trabajo y su vida familiar y social ofreciendo todo a Dios en unión con el Sacrificio de Cristo que se hace presente en el altar. «Lo entendí perfectamente —testimonia san Josemaría—. El Señor nos decía: ¡si vosotros me ponéis en la entraña de todas las actividades de la tierra (...), entonces *omnia traham ad meipsum!* ¡Mi reino entre vosotros será una realidad!»[32]. Si los hijos de Dios, en virtud del sacerdocio bautismal, santificaban el trabajo y las demás actividades humanas ofreciéndolas a Dios Padre en unión con el sacrificio de Cristo que se hace presente en la Santa Misa, entonces Él atraería a todos y a todo hacia sí. De este modo contribuirían a que fuera una efectiva realidad la expansión de su Reino, herencia de los hijos de Dios: «Venid, benditos de mi Padre, heredad el Reino preparado para vosotros desde la creación del mundo» (*Mt* 25, 34).

Lo que acabamos de decir necesita un complemento si queremos reflejar la experiencia de aquel 7 de julio de 1931 por parte de san Josemaría. El evangelista hace notar que cuando Jesús pronunció las palabras «Y yo, cuando sea levantado sobre la tierra atraeré a todos hacia mí» (*Jn* 12, 32), lo hizo «señalando de qué muerte iba a morir» (*Jn* 12, 33). Se refería, claro está, a la muerte en la cruz. Sin embargo, san Josemaría entendió esas palabras en un sentido nuevo precisamente el día de la Transfiguración del Señor en el que se celebra la manifestación gloriosa de la Divinidad de Jesús por medio de su Humanidad como anticipo de la Resurrección. No hay oposición con lo anterior (que Jesús dijo esas palabras "señalando de qué muerte iba a morir") sino profundización en el misterio de la Muerte y de la Resurrección. La muerte en la Cruz es una muerte gloriosa porque Jesús muere para resucitar, triunfando sobre el pecado y la muerte, consecuencia del pecado. Es más, «en el acto de dar la vida está incluida la resurrección», como dice Joseph Ratzinger en su obra *Jesus de Nazaret* (II.5.3) refiriéndose a la institución del sacrificio sacramental de la Eucaristía en la Última Cena, Y esto se manifiesta en la Transfiguración donde Jesús glorioso habla no sólo de su Muerte en la cruz sino también de su de su Resurrección: en efecto, «mientras bajaban del monte, Jesús les ordenó: -No contéis a nadie la visión hasta que el Hijo del Hombre haya resucitado de entre los muertos» (cfr. *Mt* 17, 9). Por eso se comprende que san Josemaría entendiera las palabras «y yo cuando sea levantado...» en esa fiesta litúrgica. En la Instrucción del 1-IV-1934 describe así su comprensión de texto: Jesús «quiere que se le alce ahora no en la Cruz, sino en la gloria de todas las actividades humanas, para atraer a sí todas las cosas (cfr. *Jn* 12, 32)». Quiere que se le alce en el trabajo profesional y en todas las actividades humanas realizadas con perfección —con la mayor perfección posible para cada uno, por amor—, de manera que se cumpla el deseo del Señor: «brille vuestra luz ante los hombres, para que vean vuestras buenas obras y glorifiquen a vuestro Padre, que está en los cielos» (*Mt* 5, 16). De modo que —con otras palabras— en el trabajo profesional, unido al Sacrificio de la Eucaristía, se manifieste no sólo la Muerte de Cristo sino también la Resurrección; mejor dicho, que se manifiesten a la vez la Muerte en la Cruz y la gloria de la Resurrección.

Los hijos de Dios, coherederos de Jesucristo, están implicados en la grandiosa obra del Hijo de Dios hecho hombre que ofrece al Padre el sacrificio de la Cruz como Sacerdote de su propia vida, y de este modo obtiene su herencia: atrae a los hombres hacia sí para incorporarlos a su Reino, es decir, para introducirlos en esa situación en la que todo es conforme a la Voluntad divina porque ha sido eliminado lo que era contrario: el pecado y las consecuencias del pecado (cfr. *1 Co* 15, 24-28). El Reino de Dios es la herencia que Cristo adquiere con el sacrificio de su vida por el que atrae todo hacia sí; y esta atracción la realiza a través de los hijos de Dios si ellos mismos se dejan atraer santificando su trabajo para ser cada uno «otro Cristo, el mismo Cristo»[33]. «Todos, por el Bautismo, hemos sido constituidos sacerdotes de nuestra propia existencia, *para ofrecer víctimas espirituales, que sean agradables a Dios por Jesucristo* (*1 P* 2, 5), para realizar cada una de nuestras acciones en espíritu de obediencia a la voluntad de Dios, perpetuando así la misión del Dios-Hombre»[34].

En el Sacrificio de la Eucaristía alcanzan su plenitud de sentido los dones recibidos en el Bautismo y se manifiesta su unidad. Por ello la santa Misa es el centro en el que han de converger las acciones del cristiano, y también la raíz que las alimenta permitiendo que la vida de un hijo de Dios se convierta de algún modo en "una misa": ejercicio de su sacerdocio real para santificar la sociedad humana desde dentro de las actividades que la constituyen[35].

4. Notas sobre los dones del Bautismo en la historia de la Teología

Este modo de entender la vocación universal a la santidad como una llamada al desarrollo de los dones bautismales, ¿cómo ha estado presente en la Teología a lo largo de los tiempos? Abordamos ahora muy sintéticamente este amplio tema ligado a la comprensión de la vocación y misión de los laicos en las diversas épocas de la historia, al que nos hemos referido en la primera parte de este libro.

En la época denominada de los "primeros cristianos" que se suele extender hasta el siglo IV (edicto de Constantino; primer Concilio de Nicea) los Padres de la Iglesia resaltan los dones que se reciben en el Bautismo. Me limito a citar un pasaje de las Catequesis de san Cirilo de Jerusalén (315-386) a los recién bautizados:

Bautizados en Cristo y revestidos de Cristo [cfr. *Gal* 3, 27], habéis sido hechos semejantes al Hijo de Dios [cfr. *Rm* 8, 29]. Porque Dios nos predestinó a la adopción de hijos [cfr. *Ef* 1, 5], nos hizo conformes al cuerpo glorioso de Cristo [*Flp* 3, 21]. Hechos, por tanto, partícipes de Cristo [cfr. *Hb* 3, 14], con toda razón os llamáis cristos; y Dios mismo dijo de vosotros: no toquéis a mis ungidos [cfr. *Sal*

105, 15]. Fuisteis convertidos en Cristo al recibir el signo del Espíritu Santo[36].

Bien a las claras muestra este texto cuán viva era la conciencia de la filiación divina adoptiva y de la unción como sacerdotes de Cristo en el Bautismo.

Después del siglo IV, estos dones bautismales continúan presentes en la doctrina de Padres de la Iglesia como san Juan Crisóstomo o san Agustín, pero dejan de estar en primer plano en el ámbito de la "teología monástica" que se cultiva en los monasterios entre los siglos VII a XII.

Sobre las causas de esta relativa postergación solo puedo formular una hipótesis basada en dos hechos: por una parte, la progresiva decadencia de la figura del laico en la Iglesia, de su vocación y misión bautismales; y por otra, el auge de la espiritualidad esponsal fundada en una consagración posterior a la del Bautismo; consagración que se entiende como un "matrimonio espiritual" con Cristo o con la Iglesia.

La primera forma de consagración posterior al Bautismo aparece en la Iglesia con las "vírgenes consagradas" a finales del siglo II o comienzos del III[37], las cuales muy pronto serán llamadas "esposas de Cristo" por su estado de vida y por el vínculo público que las distingue. El recurso al símbolo esponsal será común después en otras formas de vida consagrada que surgen en la Iglesia. Aunque esta esponsalidad presupone la filiación divina recibida en el Bautismo, la reflexión teológica en esta época no presta atención a tal fundamento. El lenguaje simbólico de la esponsalidad sustituye al lenguaje propio de la filiación[38]. En todo caso, sea cual fuere el motivo, la postergación que sufre la filiación divina es un hecho patente en la Teología de esos siglos (VIII-XII).

El sacerdocio común sigue la misma suerte que la filiación divina adoptiva. En este caso cabe señalar un factor terminológico que influye en el estado de cosas. El Nuevo Testamento, habla del sacerdocio común de todos los fieles (cfr. *1 P* 2, 5.9), pero cuando se trata de los ministros sagrados los designa con los nombres de obispo, presbítero y diácono. Indudablemente estos últimos han recibido un nuevo sacerdocio con la imposición de manos en el sacramento del Orden, y son desde ese momento más sacerdotes que los demás fieles por tener dos sacerdocios, el común y el ministerial. Pero quizá por esto mismo los presbíteros comienzan a ser llamados simplemente sacerdotes y el término deja de aplicarse a los fieles corrientes que ya no lo sienten como propio, con repercusiones no pequeñas en la vida cristiana de los laicos.

En el siglo XIII santo Tomás de Aquino profundiza notablemente en el misterio de la filiación divina del cristiano y en su sacerdocio bautismal. Presenta la filiación adoptiva como participación en la Filiación subsistente, el Hijo, Segunda Persona de la Santísima Trinidad[39]. Y afirma que el carácter que imprime el sacramento del Bautismo es una participación del sacerdocio de Cristo[40]. Esta concepción de Santo Tomás es de gran importancia para la comprensión de la vida cristiana como desarrollo de los dones bautismales; sin embargo, pasará mucho tiempo —siglos— hasta que la doctrina teológica profundice en su valor, lo cual acaecerá sobre todo en el siglo XX al pasar a primer plano la vocación y misión de los laicos.

Mientras tanto, la marginación de la filiación divina y del sacerdocio común en la Teología y en la vida de los cristianos se hará más grave a causa de la Reforma luterana en el siglo XVI. Al concebir la justificación de quien ha pecado como algo extrínseco que no conlleva una transformación ontológica, la filiación divina adoptiva no pasará de ser, en el ámbito protestante, más que un bello título. Y esto traerá consigo un problema para la Teología católica porque, con el fin de contrarrestar la visión protestante, se pondrá el acento solo o principalmente en el concepto de "gracia creada" o gracia santificante —el don de Dios que nos hace verdaderamente santos— quedando en segundo plano la "gracia increada", o sea, la misma inhabitación del Espíritu Santo que nos incorpora a la vida íntima de la Santísima Trinidad como hijos adoptivos.

De la Reforma protestante se derivará también, indirectamente, otro problema en la Teología católica, esta vez en relación con el sacerdocio común. Al negar, los reformadores, que en la Iglesia hay un sacerdocio ministerial y al sostener que todos los cristianos tienen un mismo y único "sacerdocio universal", la reflexión católica se centrará en la defensa del sacerdocio ministerial, dejando en segundo plano el sacerdocio común de todos los bautizados. Esto se puede constatar, por ejemplo, en el Catecismo Romano publicado después del Concilio de Trento[50].

En este clima se mueven hasta el siglo XX la Teología católica y también las enseñanzas de los santos. San Francisco de Sales (1567-1622), heraldo de la llamada de todos los fieles a la santidad, no menciona el sacerdocio común en su *Introducción a la vida devota*, y apenas la filiación divina adoptiva.

Ciertamente no faltan voces que encomian estos dones bautismales como san Juan Eudes (1601-1680) y en parte Pierre de Berulle (1575-1629)[51]; o, más tarde, Newman y Scheeben en el xix; pero sólo en el xx comenzará a formarse un coro de autores de Teología que llaman la atención sobre la filiación divina adoptiva y el sacerdocio común. Este fenómeno teológico depende, sin duda, de la toma de conciencia de la vocación y misión de los laicos bajo el impulso de los Romanos Pontífices, sobre todo a partir de Pío XI, que prepara las enseñanzas del Concilio Vaticano II[52].

Después de este fugaz recorrido sobre la filiación divina adoptiva y el sacerdocio común, detengámonos en la herencia de los hijos de Dios[53].

No conozco estudios sobre este término en los escritos de los Padres prenicenos (o sea, hasta comienzos del s. iv), pero no faltan testimonios de que la santidad a la que se sabían llamados los primeros cristianos no requería separarse del mundo. Así lo había rogado Jesús al Padre en la Última Cena: «no pido que los saques del mundo, sino que los guardes del Maligno» (*Jn* 17, 15). Ellos —los primeros cristianos— asumieron los distintos trabajos en cualquier estado de vida para cumplir la misión de evangelizar a la sociedad de su tiempo que, según hemos visto, era su herencia.

¿Cómo les podían resultar ajenas a su vida cristiana si en la Creación del mundo Dios había confiado al hombre la tarea de prolongar la obra creadora con su trabajo y de constituir la familia y la sociedad (cfr. *Gn* 1, 27-28; 2, 15), y si el Hijo de Dios hecho hombre había querido asumir todas estas realidades, creadas precisamente «en vistas de Él» (*Col* 1, 16)? Se comprende que las revindicaran como cosa propia. Eran su herencia[64].

En la Teología posterior a la era patrística no ha estado muy presente el tema de la "herencia de los hijos de Dios". Sin embargo, se ha reflexionado ampliamente sobre un concepto muy próximo que es el objeto de la herencia: el de Reino de Dios o Reino de los Cielos, que Jesucristo anuncia y comienza a instaurar: el Reino de Cristo. Este Reino, que es la situación en la que todo está sometido a la Voluntad de Dios —el hombre libremente, de acuerdo con su naturaleza—, es el objeto de la herencia, como se deduce de las palabras de Jesús en el juicio final: «Venid, benditos de mi Padre, heredad [κληρονομήσατε] el Reino preparado para vosotros desde la creación del mundo» (*Mt* 25, 34). En otro lugar leemos que los hijos de Dios son «herederos del Reino que [Dios] prometió a los que le aman» (*St* 2, 5[55]). Pero en la reflexión teológica sobre el Reino, objeto de la herencia, ha habido dos reducciones importantes, estrechamente relacionadas entre sí, a las que deseo referirme.

En primer lugar, se ha puesto la atención en el futuro Reino de los Cielos y centrándose en la visión de Dios cara a cara y dejando más bien de lado que los santos también contemplan a Dios en los demás santos y en todos bienes creados que reflejan su gloria: los «nuevos cielos y la nueva tierra nueva en los que habita la justicia» (*2 P* 3, 13). Además, quienes reconocen que hay un inicio del Reino en este mundo lo han hecho consistir en la unión personal con Dios, es decir, en la identificación de la propia voluntad con la suya, lo cual es verdadero pero insuficiente para no caer en un cierto espiritualismo, como si el progreso humano cultural y material, económico, científico, artístico, no tuviera que ver con la edificación del Reino de Cristo. Esto no es así. El Concilio Vaticano II ha enseñado que «la espera de una tierra nueva [al final de los tiempos: cfr. *2 P* 3, 13] no debe amortiguar, sino más bien avivar, la preocupación de perfeccionar esta tierra, donde crece el cuerpo de la nueva familia humana, en la cual se puede vislumbrar un anticipo del siglo nuevo. Por ello, aunque hay que distinguir cuidadosamente progreso temporal y crecimiento del reino de Cristo, sin embargo, el primero, en cuanto puede contribuir a ordenar mejor la sociedad humana, interesa en gran medida al Reino de Dios»[56]. En definitiva, el inicio del Reino de Dios en esta tierra, objeto de la herencia de los hijos de Dios, es una realidad más amplia de la que ha sido considerada por una Teología que aún no se había enriquecido con la perspectiva laical y secular.

La segunda reducción a la que deseaba referirme es la que considera que lo que ha de hacer el cristiano para poseer su herencia consiste en lo que es propio de la vida consagrada: "la oración y la acción", donde por oración se entiende principalmente la práctica de la oración mental y vocal, no la posibilidad de convertir en oración el trabajo y las demás ocupaciones seculares; y por "acción" se quiere indicar la predicación del Evangelio o las obras de caridad, no las acciones profanas como son el ejercicio de la profesión o las tareas familiares y las relaciones sociales, que tienen una finalidad humana pero que se pueden dirigir al fin sobrenatural: a la gloria de Dios, a la santificación de las personas y a la edificación de la sociedad con el espíritu de Cristo. La Teología, hasta época reciente, ha dejado en segundo plano la santificación de las realidades terrenas civiles y seculares —"profanas", porque en sí mismas no son sagradas— y, por tanto, la posesión de la herencia de los hijos de Dios ya en este mundo. La enseñanza de san Josemaría orienta la Teología a superar esta reducción reconociendo que también esas actividades humanas son lugar y materia de santificación y que cuando un hijo de Dios las ve así y coopera con el Espíritu Santo para santificarlas, entonces comienza a conquistar su herencia y contribuye a edificar el Reino de Cristo en la tierra, es decir, la Iglesia «germen y principio de este Reino»[57].

El resultado de estas reducciones es que la "herencia de los hijos de Dios", que es el Reino de Dios, se ha entendido como una realidad solo futura y espiritual, confiada al estado de vida consagrada, no a los laicos cuya misión, recibida en el Bautismo, es la santificación de las realidades temporales.

4. SAN JOSEMARÍA PRECURSOR Y HORIZONTE DEL CONCILIO VATICANO II

Pasemos ahora al último punto de nuestro sobrevuelo por la historia de la Teología. En el Concilio Vaticano II (1962-1965) se puede constatar con gozo la presencia de los dones bautismales; presencia exigida, se puede decir, por la proclamación de la llamada universal a la santidad y de la vocación y misión de los fieles laicos, que caracteriza las enseñanzas del Concilio.

Desde el comienzo de la constitución *Lumen gentium* están presentes la filiación divina[58] y el sacerdocio común[59], y sobre ellos vuelve frecuentemente el texto, así como sobre el Reino[60]. En cambio, la herencia de los hijos de Dios —sobre todo, más que el término, el contenido de la herencia— es objeto de la constitución *Gaudium et spes*. Quizá esto se debe a la decisión del propio Concilio de tratar sobre la Iglesia *ad intra* en *Lumen gentium*, lo que explica que se hable ahí de la filiación y del sacerdocio de sus miembros, mientras que se dejó para la *Gaudium et spes* lo que se refiere a las relaciones de la Iglesia con el mundo, que es el ámbito adecuado para tratar de la mayor parte de lo que se refiere a la herencia de los hijos de Dios.

La unidad de los tres dones bautismales está expresada de algún modo en el n. 34 de *Lumen gentium*:

«Cristo Jesús, Supremo y eterno sacerdote porque desea continuar su testimonio y su servicio por medio de los laicos, vivifica a éstos con su Espíritu e ininterrumpidamente los impulsa a toda obra buena y perfecta. Aquellos a quienes asocia íntimamente a su vida y misión también les hace partícipes de su oficio sacerdotal, en orden al ejercicio del culto espiritual, para gloria de Dios y salvación de los hombres. Por lo que los laicos, en cuanto consagrados a Cristo y ungidos por el Espíritu Santo, tienen una vocación admirable y son instruidos para que en ellos se produzcan siempre los más abundantes frutos del Espíritu. Pues todas sus obras, preces y proyectos apostólicos, la vida conyugal y familiar, el trabajo cotidiano, el descanso del alma y de cuerpo, si se realizan en el Espíritu, incluso las molestias de la vida si se sufren pacientemente, se convierten en *hostias espirituales, aceptables a Dios por Jesucristo (1 P 2, 5)* que, en la celebración de la

Eucaristía, con la oblación del cuerpo del Señor, ofrecen piadosísimamente al Padre. Así también los laicos, como adoradores en todo lugar y obrando santamente, consagran a Dios el mundo mismo»[61].

Como se puede ver, el texto menciona expresamente el sacerdocio común de los fieles laicos mientras que la filiación divina adoptiva y la herencia están implícitas: la primera en la referencia a los fieles "vivificados por el Espíritu Santo" a los que Cristo "asocia íntimamente a su vida y a su misión"; la segunda, en la mención de la "vida conyugal y familiar" y del "trabajo cotidiano". Tampoco se menciona explícitamente el Bautismo, pero sí el sacrificio de la Eucaristía y la participación de todos los fieles en él. En conjunto el texto expresa, sí, la unidad de los dones bautismales, pero de modo todavía incipiente.

Como decía al inicio, san Josemaría es un maestro de vida espiritual laical y secular fundada en el Bautismo. En sus enseñanzas tienen gran relieve los dones bautismales y su unidad. Es la suya una espiritualidad que busca el crecimiento como hijos de Dios en Cristo, por la acción del Espíritu Santo, a través de la santificación del trabajo y de la vida familiar y social, herencia de los hijos de Dios, mediante el ejercicio del sacerdocio común por el cual ofrece a Dios Padre esas actividades, bien realizadas por amor a Dios, en unión con el Sacrificio de Cristo que se hace presente en la celebración de la Eucaristía. De aquí deriva su contribución a la Teología espiritual, y también a la Teología dogmática que se ve impulsada a reflexionar sobre esos dones que frecuentemente han sido relegados a un segundo plano a lo largo de la historia.

San Josemaría se encuentra entre los precursores del Concilio Vaticano II, no tanto por sus escritos, ya que antes del Concilio sólo habían visto la luz *Camino* y *Santo Rosario*, aparte de alguna conferencia sobre el tema de los laicos, sino por la institución que fundó en 1928, el Opus Dei, donde dejó plasmado su espíritu laical y secular.

Pero ahora, cuando ya han sido publicados, después de su muerte en 1975, un gran número de sus escritos, muchos de los cuales había preparado antes del Concilio Vaticano II, se puede afirmar que sus enseñanzas constituyen también un horizonte para desarrollar la doctrina del Concilio. Un horizonte en particular por lo que se refiere a la filiación divina, el sacerdocio común y a la herencia de los hijos de Dios, así como a la unidad de estos dones, unidad solo esbozada en el Concilio.

De la espiritualidad laical de san Josemaría forman parte también sus enseñanzas sobre la libertad de los hijos de Dios, verdadera clave de la secularidad y de la "mentalidad laical" que va unida en su predicación al "alma sacerdotal", en el caso de los fieles llamados a la santidad en medio del mundo; igualmente sus enseñanzas sobre las virtudes cristianas que orientan el ejercicio de la libertad a la identificación con Cristo, «perfecto Dios y perfecto hombre», según la expresión del Símbolo *Quicumque vult*[62]; y sus enseñanzas sobre la lucha cristiana por amor a Dios, cooperando con la acción del Espíritu Santo; y su doctrina espiritual sobre los medios de santificación, donde pone de relieve la necesidad de la formación cristiana no menos que la oración y los sacramentos, aunque sí después de estos; o su doctrina sobre la *unidad de vida* del cristiano... Podría haber hablado más ampliamente de la

Santa Misa como centro y raíz de la vida interior y haber expuesto de modo especial su modo de plantear el fin último de la vida cristiana, la contemplación en medio del mundo, que él expresa con tres aspiraciones íntimamente unidas: dar a Dios toda la gloria (*Deo omnis gloria!*), buscar que Cristo reine (*Regnare Christum volumus!*), llevar a todos en unión con el Romano Pontífice, Sucesor de Pedro, a Jesús por María (*Omnes cum Petro ad Iesum per Mariam!*). Esta última expresión pone de relieve su contribución a la doctrina sobre la maternidad de María en la vida del cristiano. Pero no es posible desarrollar todas estas cuestiones aquí. Me he limitado a la aportación de san Josemaría que, en mi opinión, está en la raíz de todas las demás: la que se refiere al inicio y germen de la vida cristiana, los dones del Bautismo y su unidad y centro en la Eucaristía[63].

NOTAS

[1] La Parte III de este libro está basada en una conferencia en el simposio "Libertad y compromiso", sobre la enseñanza de san Josemaría, celebrado en Jaén en 2021.

[2] J. RATZINGER, A un Simposio teológico sobre las enseñanzas del Beato Josemaría, 12-X-1993, en: Vv.AA, *Santidad y mundo*, Pamplona 1994, p. 30.

[3] *Ibidem.*

[4] SAN JUAN PABLO II , *Discurso* 14-X-1993.

[5] *Ibidem.*

[6] BENEDICTO XVI, Ex. ap. *Verbum Domini*, 30-IX-2010, n. 48.

[7] *Carta 24-III-1930*, n. 2

[3] Cfr. CONGREGACIÓN PARA EL CULTO DIVINO Y LA DISCIPLINA DE LOS SACRAMENTOS, Prot. N. 652/04/L.

[9] San Pablo VI, Motu proprio *Sanctitas clarior*, 19-III-1969: AAS 61 (1969) 149.

[10] Cfr. Conc. Vaticano II, Decr. *Apostolicam actuositatem*, n. 2. Cfr. p.ej., *Mt* 28, 19-20; *Mc* 3, 14; *Jn* 15, 5.

[11] Cfr. V. Bosch, *Llamados a ser santos. Historia contemporánea de una doctrina*, Madrid 2008, 224 pp.

[12] *Es Cristo que pasa*, n. 134.

[13] Id., *Conversaciones*, n. 24.

[14] *Ibidem*.

[15] Id., *Camino*, n. 291.

[16] Conc. Vaticano II, Const. past. *Gaudium et spes*, n. 22.

[17] Cfr. Santo Tomás de Aquino, *S. Th.* I, q.41, a.3, c.

[18] El ministro unge al bautizado con el santo crisma mientras pide a Dios que lo consagre «para que seas para siempre miembro de Cristo, sacerdote, profeta y rey» (Ritual del Bautismo).

[19] Cfr. J.L. de Prada, *El dinamismo ontológico de la filiación divina adoptiva*, Roma 2019. El autor muestra que la filiación sobrenatural se pierde si se ha perdido la participación en la naturaleza divina (gracia santificante) y la presencia del Espíritu Santo. No es posible que el cristiano esté unido a Cristo como "hijo en el Hijo" si no tiene al Espíritu Santo y la naturaleza divina. Pero la filiación adoptiva se recupera por la contrición y el sacramento de la Penitencia. Nótese que en la parábola del hijo pródigo el Padre recibe al hijo que «estaba muerto y ha vuelto a la vida» (*Lc* 15, 24). El cristiano en pecado mortal es un hijo "muerto", o sea, no es propiamente hijo, pero puede recuperar la vida.

[20] Cfr. *Sal* 2, 7-8. Tanto en el texto hebreo como en el griego se han usado dos términos distintos no simplemente para evitar la repetición de una misma palabra, sino para reflejar una diferencia conceptual.

Nótese también que así como la "herencia" de las gentes no significa una "posesión" independiente de la voluntad de las personas sino que se realiza de modo conforme a su libertad cuando éstas abrazan la fe y el amor de Dios, así la "posesión hasta los confines de la tierra" —o el «dominad sobre los peces del mar y los pájaros del cielo y sobre todo ser vivo» (*Gn* 1, 28)—, no es la facultad de poseer para hacer cualquier cosa según el capricho de la propia voluntad, incluida la destrucción del medio ambiente, sino la misión de cultivar y custodiar la tierra (cfr. *Gn* 2, 15). Lo ha aclarado el Papa Francisco en la Encíclica *Laudato si'*

(24-V-2015): «la capacidad del ser humano de transformar la realidad se debe desarrollar sobre la base de la primera y originaria donación de las cosas por parte de Dios» (n. 5). «La Biblia no da lugar a un antropocentrismo despótico que se desentienda de las demás criaturas» (*ibid.*, n. 68).

[21] *Forja*, n. 987.

[22] *Es Cristo que pasa*, n. 106.

[23] *Carta 2-II-1945*, n. 8.

[24] *Es Cristo que pasa*, n. 58.

[25] *Forja*, n. 882.

[26] Cfr. A. VÁZQUEZ DE PRADA, *El Fundador del Opus Dei*, cit., vol. II, p. 772.

[27] *Carta 30-IV-1946*, n. 46.

[28] «Contemplativos en medio del mundo» (*Es Cristo que pasa*, n. 65), es una expresión recurrente en san Josemaría.

[29] ID., *Conversaciones*, n. 114.

[30] Las palabras se encuentran esculpidas en latín: "*Et ego si exaltatus fuero a terra, omnes traham ad meipsum*" (*Jn* 12, 32). San Josemaría citaba este texto por la Vulgata, la versión de la Biblia entonces vigente, donde se lee "*omnia traham ad meipsum*" (atraeré todo hacia mí), pero en la imagen en la Basílica de san Pedro se ha reproducido el texto de la Neo Vulgata: "*omnes traham ad meipsum*" (atraeré a todos hacia mí). Varios manuscritos antiguos y el *Diatessaron* leen πάντα, que pasa a "*omnia*" en la Vulgata; otros, en cambio, traen πάντας, preferido por la Neo-Vulgata al traducir por "*omnes*". El estado actual de la crítica textual favorece esta segunda lectura (cfr. G.R. BEASLEY-MURRAY, *John*, en: D.A. HUBBARD – J.D.W. WATTS, *Word Biblical Commentary*, vol. 36, Waco (Texas) 1987, p. 205). Pero en ambos casos se expresa la misma realidad, porque al atraer Jesús a todos los hombres hacia sí, atrae también todas las cosas: la redención alcanza así su efecto cósmico, pues la creación entera «espera ansiosa la manifestación de los hijos de Dios» (*Rm* 8,19).

[31] Apuntes de una meditación, 27-X-1963: AGP, P01 XI-1975, p.13.

[32] *Ibid.*

[33] *Es Cristo que pasa*, n. 96. Cfr. ID., *Conversaciones*, n. 58.

[34] *Ibid.*

[35] Cfr. *Forja*, n. 69; *Es Cristo que pasa*, n. 87.

[36] SAN CIRILO DE JERUSALÉN, *Catecheses*, 21 [Mystagogica 3], 1. Entre los Padres que más se refieren a la filiación divina adoptiva destaca en el s. II san Ireneo: «El Verbo de Dios se hizo hombre y el Hijo de Dios se hizo Hijo del hombre, para que el hombre se hiciera hijo de Dios por adopción».

[37] Una sintética exposición se encuentra en: I.M. CALABUIG - R. BARBIERI, *Virginidad consagrada en la Iglesia*, en AA.Vv., *Nuevo Diccionario de Liturgia*, Madrid 1987, pp. 2061-2081.

[38] Está claro que cuando se dice que el cristiano es "hijo" de Dios se está empleando un lenguaje propio: analógico, ciertamente, porque el Hijo por naturaleza es uno solo, Cristo, mientras que los demás son hijos por adopción sobrenatural, pero hijos en sentido propio, como escribe san Juan: «No sólo nos llamamos hijos de Dios sino que lo somos» (*1 Jn 3*, 1). En cambio, cuando se dice que un cristiano es esposo o esposa de Dios o de Cristo, se está empleando un lenguaje simbólico porque en la Santísima Trinidad no hay un Esposo del que se pueda participar su esponsalidad, mientras que sí hay un Hijo del que nos ha sido dado participar la Filiación. El símbolo esponsal, presente en la Escritura, es bellísimo, pero no debería sustituir a la filiación sino apoyarse en ella. El Espíritu Santo no es "esposo" del Padre y no genera al Hijo. El Hijo es generado solo por el Padre.

[39] Cfr. SANTO TOMÁS DE AQUINO, *In Ioann. Ev.*, c. 1, lect. 8. El Aquinate afirma varias veces que «*filiatio adoptionis est participata similitudo filiationis naturalis*» (*S. Th.* III, q. 23, a. 4, c; cfr. *S.Th.* I, q. 33, a. 3, c; II-II, q. 45, a. 6, c; III, q. 3, a. 5, c y ad 2; q. 24, a. 3, c; *In Ep. ad Rom.*, c. VIII, lect. 6; *In Ioann. Ev.*, c. I, lect. 8; etc.).

[40] «*Character sacramentalis est quaedam participatio sacerdotii Christi in fidelibus eius*» (SANTO TOMÁS DE AQUINO, *S.Th.* III, q. 63, a. 5, c). También en los sacramentos de la Confirmación y del Orden, el carácter que imprimen es una participación en el sacerdocio de Cristo. En el caso del sacramento del Orden esa participación es esencialmente distinta de la que se recibe en el Bautismo y en la Confirmación.

[50] Cfr. MAURICIO SHIAW-TSU LIU, *La filiación divina adoptiva y el sacerdocio común de los fieles en el Catecismo Romano y en el Catecismo de la Iglesia Católica*, Roma 2016.

[51] SAN JUAN EUDES, *Contrato del hombre con Dios en el Santo Bautismo* (a. 1654).

[52] E. Burkhart – J. López, *Vida cotidiana y santidad en la enseñanza de san Josemaría*, vol. I, pp. 34-105.

[53] Sobre el término "heredero" y otros de la misma raíz en el nuevo Testamento, cfr. W. Foerster, κληρονόμος [heredero], en: G. Kittel – G. Friedrich, *Theologisches Wörterbuch zum Neuen Testament*, III, col. 781-783. Cfr. *1 Co* 6,9-10; 15, 50; *Gal* 5, 21; *Hb* 11, 13; *1 Pe* 1, 3-4; etc.

[54] Ya lo hemos visto en la parte I de este libro, parágrafo 1.

[55] «¿Acaso no escogió Dios a los pobres según el mundo, para hacerlos ricos en la fe y herederos del reino que prometió a los que le aman?» (*St* 2, 5). "Los pobres según el mundo" son los hijos de Dios que ponen toda su confianza en Él.

[56] Concilio Vaticano II, Const. past. *Gaudium et spes*, n. 39.

[57] Const. dogm. *Lumen gentium*, n. 5.

[58] Cfr. Id., nn. 3 y 4.

[59] Cfr. Id., nn. 10-11.

[60] Cfr. Id, nn. 5, 36.

[61] Id., n. 34.

[62] Cfr. DH 76, 32.

[63] Todos los aspectos que he señalado en este último párrafo, y otros, se exponen en: E. Burkhart – J. López Díaz, *Vida cotidiana y santidad en la enseñanza de san Josemaría*, 3 vols., Madrid 2010-2013.

ESTE LIBRO, PUBLICADO POR
EDICIONES RIALP, S. A.,
MANUEL URIBE, 13-15, 28033 MADRID,
SE TERMINÓ DE IMPRIMIR EN
SERVICE POINT, MADRID
EL DÍA 18 MARZO DE 2025.